石島亜由美
Ishijima Ayumi

妾と愛人のフェミニズム

近・現代の一夫一婦の裏面史

青弓社

妾と愛人のフェミニズム

近・現代の一夫一婦の裏面史

目次

装画――榎本マリコ『微睡のなか』
装丁――藤田美咲

はじめに

本書は、「妾」や「愛人」と呼ばれてきたのは一体どのような女性なのか、フェミニズム的関心から記述していくものである。妾と愛人というキーワードを並べて示されると、一般的に妾＝愛人、または妾の現代版が愛人というイメージをもつのではないだろうか。なかには、愛人はわかるけれど、妾って何？という人もいるだろう。

妾という言葉はいまや歴史用語でしかみられなくなった。妾とは、「正妻のほかに、自分のものとして養い、愛している女」（『日本国語大辞典 第二版』小学館、二〇〇三年）と定義されている。この「愛している」という条件については、第1章「明治の妾――一夫一婦の裏面の妾という存在」の分析結果からすると疑問を抱くのだが、妾は明治維新直後のほんの一瞬、妻と並んで夫の配偶者として法的身分を有していた時期があった。しかし、それはすぐに廃止され、以後、現在に至るまで法律の条文には登場しない。また、妾という漢字も当用漢字・常用漢字では省かれている。妾は過去の遺物になっているようだ。

一方、愛人は「愛しているいとしい異性。恋人。特に、夫や妻以外の愛している異性」（前掲『日本国語大辞典 第二版』）という存在である。現代では週刊誌などのメディアでよく目にする言葉だが、明治期の妾とは異なって法制度化されたことはない。愛人は法律によって身分を与えられるものではなく、人々の慣習のなかで確立された概念であり、現在の日本社会で通用する言葉である。[1]

妾と愛人の共通点は、「既婚者の男性が交際する妻以外の女性」ということにある。妾の場合は「養われる」という条件が付いているが、愛人にはそのような条件はない。また、愛人は「夫や妻以外の異性」なので、男性か女性かまでは厳密に限定されない。こうしたそれぞれにしかない特徴を外してその共通項を絞り出すと、「既婚者の男性が交際する妻以外の女性」という意味が残る。またもう一つ共通する意味を付け加えるとしたら、妾と愛人はともに、妻とは異なり正しくない存在として社会的に容認されないという点がある。一夫一婦の婚姻原則（法制度とジェンダー規範）が行き渡った近代以降の日本社会では、その原則に即しているがゆえに正しい妻に対して、妾と愛人については正しくないという社会的な判定が下され、法的にも社会生活を送るうえでも公然と差別がおこなわれてきた。人々から否定的な視線を向けられ、差別的な扱いを受ける妾と愛人の立場は、正しいという価値観で判断される妻の立場と強く関わるものであり、ここに筆者の問題意識がある。

研究の動機

筆者がフェミニズムに接近した理由の一つに、「男性の視線のなかで女性が女性を価値づけること」の暴力性を感じる経験があったことを挙げる。それは、男性から差別（暴力）を受ける女性という男／女の非対称の関係性、〈男から女〉という直線的な暴力性ではなく、その差別や暴力にほかの女性が加担しているということ、男性の視線を内面化した女性が別の女性を価値づけることの暴力性というものである。

これは、「自分にとって有用な女性を選びたい」という男性たちが用意した椅子取りゲームにコミットさせられるように、「椅子に座る」ことの価値がことさら称揚される今日のポストフェミニズム的状況に共鳴するものである。椅子に座るために女性間では激しい競争が繰り広げられ、座れた女性と座れなかった女性との間には大きな溝が形成される。座れる椅子の数には制限があるという分配構造の不公平には目が向けられることはなく、椅子に座った女性はその場所を守るために椅子に座ることの価値を広める伝道者になり、椅子に座り続けることに邁進していく。

筆者の学生時代はちょうど就職氷河期にあり、また恋愛結婚による近代家族の形成がもはや困難な状況になっていた。それにもかかわらず、順調に進学し、恋愛して彼氏を作り、結婚というゴールにたどりついた女性（妻）、またはその立場を目指す女性は、進学→就職→結婚→出産・子育てをすることが正しく、女性の幸せであるという考えを固く信じていた。正しい道を普通にいかない・支持しない者に対する批判の圧力が、彼女たちから高められることを筆者は経験した。自分が選択した道――それはいまから思えば消極的な選択の結果だった――を、他者から正しくないとされて一方的に判定されることに深く傷ついたことがあったのである。その判定には、個人的な事情が考慮されるよりも先に、彼女たちに固く信じられた考え方が優先され、彼女たちの親身な忠告に従わなければ、その道をいかない者、その道から外れた者として忌避されることさえあった。なぜみなから「正しい」とされる道をいかないのか、その理由を聞かれることはない。正当な道をいかないのなら道から外れた者としておとなしくしていること、幸せにならないこと――幸せという発話は感情的に抹消される――、口を開かないことが求められるだけだった。個人的に築いた関係をも超えて優先されてしまうその考え方に筆者は心を悩まされた。

　さらに、前の世代の女性たちが断念した経緯があったからか、前述のジェンダーコースに加えて「結婚しても自分を生かした仕事を続けること」を求める風潮も形成されつつあった。そして、進学→就職→結婚→出産・子育てをしながら仕事でのキャリアを磨くというコースが政府の諸政策にも華々しく提示されるようになったが、あれから二十年がたち、このコースを穏当に歩むことができた女性はどれほどいるのだろうか。そのコースを歩めなかった女性は、正しくない道をいったということになるのだろうか。そしてその価値の正統性を唱えた女性はみな正しい道を全うすることができたというのだろうか。妻の価値の伝道者になった女性に抱いた不信の感情が、本研究の原動力になっている。妻という立場の女性は一体何なのか。私のことを正しくないというあなたの正しさとは一体何なのか。同じ女性というジェンダーを生きる彼女たちから筆者が感じた差別意識をどのように説明できるのだろうか。

　本研究の背景には、こうした「妻」の価値に対する筆者のトラウマと問題意識があるのである。


　以上のような経緯があって自分のなかに膨らんだ問題意識に応えるため、妾・愛人という存在に着目し、そうした立場からこの問題を見通すことはできないかと考えた。そして、フェミニズム・女性学に期待して、妾・愛人研究の参考になるものをその領域のなかで探し回ってみたが、そこでは妾・愛人についての概念理解が弱く、この問題に対処する道筋を見つけることは困難であることがわかった。それもそのはずだった。近代日本は、明治民法で一夫一婦の婚姻原則を謳い、一人の夫と一人の妻による夫婦のあり方を基本単位としたジェンダー規範を維持してきたが、フェミニズムはこの夫婦のあり方を、女性解放の目指すべきひとつの形態として積極的に支持してきたという経緯があったからである。彼女たちが問題にしてきたのは、婚姻関係のなかでの男性優位の事態であり、一夫一婦制度のあり方そのものについてではなかった。それは妻の立場からのフェミニズムであり、彼女たちによってむしろ「一夫一婦」は堅固に守られてきてしまったといってもいいかもしれない。フェミニストたちの議論の場で、恋愛して、彼氏ができて、結婚をして、子どもを産んで、という過程を手際よく経験し、その経験を自明のこととして、子育てや嫁姑関係、家事負担、夫の浮気、さらには貧困や性暴力などフェミニズム的正義で裁断しやすいものになったテーマを女性問題の核心として語っていた先達の女性に対して、筆者が強い違和感をもったことはいうまでもない。

しかし一方で、妻の視点で「女性」の解放を唱えると様々な不具合が生じることも、フェミニズムが明らかにしてきたことでもある。例えば、売春に従事する女性に対する「醜業婦」視、「銃後の守り」としての戦争参加・植民地加害責任、妻の座権意識から生まれる「婚外子」差別、ヘテロセクシズム遂行によるセクシャル・マイノリティーの排除などの問題が取り上げられてきた。また、結婚しない女性たちを「負け犬」とくくることで女性間の競争から早々と降りてしまい、「勝ち犬」が依拠する価値軸そのものを無効化するという試みや、非婚かつ非正規雇用者の生きにくさというのも当事者の言葉で表現されるようになった。フェミニズムが激しい自己検閲の歴史を繰り返しながら、すべての女性が被抑圧者として一義的な存在ではないことに目を配り、女性間に生じる葛藤の問題を掘り下げてきたこと、その上に現在の私が生き延びていられるということに筆者は大変感謝している。

それにもかかわらず、一夫一婦の法制度・ジェンダー規範はいっこうに揺るがない。残念ながらフェミニズム・女性学では、一夫一婦を相対化する妾・愛人研究についてはほとんどなされてこなかった（あとでふれるが、女性史分野では「妾」についての研究はいくつかおこなわれている）。二〇〇二年に出版された『岩波女性学事典』[2]には、「主婦」「母と娘」「少女」「セックス・ワーカー」などの項目があり、家族内から、売春に関わりネガティブな烙印を押されてきた家族規範の外部の存在まで女性学が幅広く問題にしてきたことがうかがえる。しかし、この事典には「妾」や「愛人」に関する項目は立てられなかった。妻に関わる存在であるにもかかわらず、近代家族や主婦の研究が進んできたこの領域で妾・愛人に関心が示されてこなかったとはどういうことなのだろう。それはつまり、これまでのフェミニズム・女性学――妻の視点で考えられたフェミニズム――が問題にできないこと／問題にしたくないことが妾・愛人を取り巻く議論には隠されているということではないか。そもそも妾・愛人とはどのような存在なのだろうか。こうした疑問が沸々と生じた。

本書は、このような問題意識に基づき議論を進めていく。妻や主婦に関する言説の近辺からその役割の構築性を議論するという立ち位置ではなく、そこから引き離されたところにある妾・愛人の地点から、近代に成立した一夫一婦の法制度とジェンダー規範を読み解いていくということに議論の特色がある。誤解しないでいただきたいのは、筆者はこの研究によって、妾は近代日本の一夫一婦の達成を邪魔するネガティブな要素だった――妾によって近代国家の国民としての妻の性が冒瀆された――と言いたいわけではない。そうではなく、一夫一婦がどのような問題構造をはらむものであるのかを妾・愛人という指標から読み解くことが狙いである。妾・愛人という存在がどのようなものであるのかという議論から始め、その存在と一夫一婦との関わりを議論する。それは厳しいことかもしれないが、一夫一婦を支えた妻の葛藤とその問題をみていくことにもなるだろう。

女性学としてのアプローチ

だが、前述のような経緯から奮い立って「妾」「愛人」の研究を立ち上げてみたものの、いざ手を付けようとすると、数々の問題が湧き上がってきた。まず女性学での先行研究がほとんどないこと、また、妾は歴史的な資料（史料）でしかみられなくなっていること、そして、愛人は慣習から出てきた言葉であり制度的概念ではないことに加えて、社会的に容認されない妾・愛人をテーマにすることに対する周囲の否定的なのでにもあってしまい、第三者に対して正確に議論の物差しを示すことが困難だったのである。

そして、そもそも筆者の研究アプローチは、文学や社会学や歴史学などの既存のディシプリンに軸足を置くものではなく、女性学の学際知に依拠するものである。そのため、妾・愛人の議論を、文学テクストを使って文学の表象分析の方法でそのトポスの象徴的意味を議論するのか、あるいは新聞などのメディアテクストを、社会学の言説分析の方法で脱構築的にその意味を読み解くのか、または歴史学のように史料を引用して実証的に議論するのか、研究方法を採用するうえで、手法の有効性の問題を抱えてきた。(3) しかし筆者は、大学の仕事を辞めてこれまで自分がやってきたことと距離を取ったことで、この問題にけりを付けようという思いでいる。

本書では、まず、妾・愛人の制度的立場を踏まえたうえで、近代（明治以降）から現代（二〇一〇年代）にわたる文学作品を用いてそこに描かれた妾・愛人のイメージを分析していく。これは、あるモチーフからテクストの解釈可能性を追求するものではなく、作品に描かれた妾・愛人のイメージを抽出し、それを鍵としてジェンダー構造の問題を読み解く実践である。文学の文化行為は現実のポリティクスや歴史性と無関係ではないと考え、文学に政治性を持ち込んだフェミニズム文学批評のスタンスを踏まえている。文学作品は人物の造形が深く練られているため人々の意識を抽出しやすい。そして、文学作品は社会から隠されてきたものが表現されるメディアであるともいえ、法的夫の家という私的空間のなかで、妻と差別化されたうえで制度裏に位置づけられてきた妾や、法的位置づけがなく統計的な資料からはこぼれ落ちる愛人の女性像を抽出するには最適な資料であると考える。

また、新聞・雑誌の記事も分析の対象にしている。これらは時代を区切る、ジャンルを絞るなどしてまとまった言説資料として調査しやすいうえ、事件報道や、投稿者の声が直接書き込まれるなど実際に起こったことにふれやすいという理由による。ただし、新聞・雑誌は、記事を書く記者の意識とその記事を読む読者の欲望に影響を受けるために、現実に起きたことの報道記事を追いかけながらも、そこに示されたものをそのまま妾の真実や愛人の実態として捉えることはしない。現実のなかで構成されたイメージがあることを想定し、文学と同様に文化構造のなかで様々な影響を受けて構築された言説媒体と捉えて議論を進めていく。つまり、新聞・雑誌の記事を扱う際、実際に起きたこととそこから構成されたイメージという二つの論点があることを踏まえている。また新聞・雑誌は、分節化しやすく意味のまとまりを抽出しやすい半面、断片的になりがちである。この空白を埋める役割を筆者は文学作品に期待している。そこから人間の想像力が補う全体的なイメージをつかみ、部分と全体から「妾」「愛人」の女性像を示していく。(4)

すなわち本書はフェミニスト的関心から、女性解放の議論の取り掛かりになるものとして、あらゆる形式の言説は批評の対象になりえるという前提に立っている。そして大事なことは、「男性の視線のなかで女性が女性を価値づける」とは何なのかという筆者の問題意識を貫いて、近代日本に成立した一夫一婦の法制度とジェンダー規範を解体的に読むことを目指すということである。

繰り返すが、これは妾・愛人の実態を実証的に示す研究ではない。あくまでも各資料で示される妾・愛人がどういうものだったのかということである。それについてどう語られたか、描かれたかをジェンダー規範と時代の文脈を踏まえながら指摘し、それが一夫一婦とどのような関わりで位置づけられているのか、「夫」「妻」との関係性のなかで「妾」「愛人」が与えられていたジェンダー役割を分析し、一夫一婦制度が成立する前提に切り込む視点を読者に提示する。

そして、明治期から二〇一〇年代までの期間を対象にしたのは、近代日本で成立した一夫一婦の法制度・ジェンダー規範を相対化するという目的のためである。「近代」という時間軸は、歴史分野では一九四五年で区切られるが、家族制度の観点からいえば、民主化・産業化によってサラリーマンと専業主婦で構成される世帯が膨らんだ戦後(歴史区分でいえば現代)こそが「近代社会の完成期」として、近代からの連続性が指摘されている。(5)したがって、一夫一婦の構築性を解体し、そのあり方を相対化するためには、戦後の時間軸も視野に入れて考察しなければならず、対象期間が十九世紀から二十一世紀と長期に及んだのはそのためである。

まず、第1章では明治期の妾からみていくことになるが、その前に妾の歴史的経緯を踏まえておきたい。妾は中国で成立した概念であり、律令制度の時代にその考えを日本が中国から輸入したことで、妾の文化が日本に定着していくことになった。

中国と日本の妾の始まり

妾という文字は、亀甲、獣骨に刻まれた中国最古の文字である甲骨文のなかにすでに存在していた。一人の女性がひざまずいて頭上に飾りを載いた象形文字で、妻以外の配偶者または女奴を意味し、祭事では家畜とともに生け贄として神に捧げられるものだった。また後漢時代、許慎が記したという『説文解字』(一〇〇年ごろ成立)では、妾の文字は女部ではなく辛部で説明してあり、罪人の意味があったという。(6)

そして、中国には妻以外の女性として妾のほかにも次妻、媵《よう》という女性の地位があった。媵とは、「正妻としての嫁女に随伴して来る姪娣の類」(7)であり、王侯官人は媵をめとることができても、庶人(一般人・平民)にはそれが許されなかった。一方、妾は庶人もめとることができたが生活に余裕がある者に限られていたと考えられ、「妾数の多少は富勢の尺度」(8)になっていたことが指摘されている。この次妻、媵、妾の立場は正妻と比較するとどのような状態だったのか、唐の法を分析した桜井丸雄は以下のように示している。

次妻すら、その地位は正妻より低いものであり、媵の地位は次妻よりも更に低く、妾に至つてはその売買が一般的風習であつて、法律上もこれが公認されて居り、家産に対する持分も有せず、むしろ禽獣に近い賤隷であつた(9)

古来から妾は男性に所有される「禽獣に近い賤隷」であって人間扱いされていなかったことがわかる。そのような奴隷を男性たちがめとったのは、「男子を得て、男系の継続を計り、以て祖先祭祀を断絶させないようにする(10)」ためだったという。朝鮮王朝時代(一三九二―一八九七年ごろ)にあった風習の一つで、家の跡継ぎを産むためだけに雇われた女性「シバジ」(種受け)という女性がいたことが知られているが、おそらくこれと同じように、父系の血統維持のために女性の性と尊厳が搾取される暴力構造が発動されてきたことがうかがい知れる。

ちなみに、妻は「夫と体を斉《ひと》しうす」という身分を得ていた。つまり、夫と一体と認められる栄誉は妻一人のものであって、妾はそれには及ばないという位置づけにあった(11)。古代中国で、妻と妾の身分差は歴然としていたのである。

この中国の妾に対する考え方は日本にも取り入れられた。七世紀に中国にならって律令制度に基づく政治が開始されたとき、日本は妾の概念も輸入したのだが、実はそれまで、妻とそうではない女性の区別はなかったとされている(12)。日本の皇室制度では、それまで複数の妃がいても正副の別は設けていなかったが、律令制度の開始とともに、后妃に皇后、妃、夫人、嬪という区別が組み込まれることになった。これと同時に人民一般にも妻妾制が定められ、婚姻関係において女性間の差別化が生じるようになったことが指摘されている[13]。

では、唐の律令を採用した日本の養老律での妻妾の格差は具体的にどのようなものだったかといえば、夫が妻を七出や義絶以外の理由で離縁すれば罰せられるが、妾についての規定はなく、夫の自由な裁量で追い出すことができた。しかし、妾が自分の意志で勝手に夫のもとから去ることは妻と同様に禁止されていた。また、夫が妻を殴傷した場合は、ほかの人間を殴傷した場合よりも罪が二等ほど軽かったが、妾の場合は妻よりもさらに二等軽かった[14]。だが、日本の律令は、唐律の厳格な妻妾差別を完全に模倣したわけではなく、妻妾の差をゆるめて受け入れていた。日本の律令では妻妾の身分差別はあるものの、唐と比べてその差を縮小し、妾の地位を妻に近づけているという指摘もある[15]。

ここまで古代の中国と日本の妾について、法制史、婚姻史分野の先行研究をもとに整理したが、日本の妻妾文化の始まりは律令制度が成立した七世紀だったことがわかった。中国からの概念を取り入れてこれにならったことで妻妾の区別が出現し、以後、女性間の格差が日本文化のなかに浸透していくのである。

妾の先行研究

さて、中国と日本の古代の妾について整理したが、法制史では近世の妾についても議論が積み重ねられ、その時代の妾像も把握できるので以下に述べておく。

江戸時代の妾については、その存在が「配偶者」なのか「奉公人」なのかという観点から議論された。高柳真三が大名や武家の妾囲いの慣習から、妾を夫の配偶者と論じたことに対し、石井良助や大竹秀男は妾は夫の家の奉公人だったと位置づけている。[16][17]高柳が大名・武家階級の慣習から妾を捉えたことに対し、大竹は妾囲いといっても「半囲」や「安囲」をおこなう手代や番頭といった商人の慣習も踏まえた議論をしていた。[18]

また、「子どもを産む」という妾の役割について、高柳は妾の子が妻が産んだ子と同じく特別な手続きなしで出生の事実ということだけで父の子という身分を取得できたことを理由に妾を配偶者と見なしたのに対し、大竹は荻生徂徠が記した『政談』（一七二五年ごろ）を取り上げて反論する。[19]ここに「子無ケレバ妾ヲ置コト」とあることから、妾は子どもを産ませるだけの「方便」であり、「借り腹」にすぎなかったとし、妾は「奉公人」の身分だったと主張した。[20]石井も『政談』に「妾ハ召使ニテ」と記されていることを指摘した。また、「大名の借りる道具は腹ばかり」や「地女に一塩したが妾なり」という川柳を例にとり、妾は普通の女である「地女」と「女郎」の中間だったことを示した。[21]

前近代社会は身分制度が厳格で、基本的に身分を超えた人の移動がないという点を考えれば、大名・武家から商人・農民に至るまでの階級を無視しておしなべて論じられない点は確認しておくべきだが、法制史では配偶者か奉公人かをめぐって、前述のような議論がおこなわれていたことは理解できたと思う。

法制史の研究者たちの間では、明治初期の法制度の形成過程を対象にしても妾についての議論が活発におこなわれてきた。それらの議論については第1章の第1節「法制度からみる妾の位置づけ」で詳しくふれる。妾が妻とともに婚姻制度の内部に位置づけられた経緯から、法制史では妾に関する研究が豊富にあり、すでに紹介した研究者のほかにも、中川善之助、浅古弘、手塚豊、村上一博、西田真之などが挙げられる。[22]

このほかには、近代の妾について論じた社会学者の森岡清美の功績も注目できる。本書はこの森岡の貴重な先行研究の成果を踏まえるものでもある。[23] 森岡は、「聚妾といえば華族社会をみればよく、また、華族社会を論じて聚妾に言及しないわけにはいかない」[24] と述べ、明治期の妾文化を展望するものとして、華族の妾囲いの慣習に注目し、華族が残した日記や、戸籍などその時代の世帯・家族構成を推定できる資料を用いて一連の研究をおこなった。先に筆者の結論のうち一つをここで述べておくと、妾を囲う慣習を華族社会のものとして限定的に論じることは尚早であり、同時期の文学作品や新聞記事の分析からすれば、明治期の妾の文化とは、上層階級である華族に限ったものではなく、新時代の論理のなかで一代で財を成して成功した者たちによってもおこなわれていたことがわかってくる。ただし、森岡が指摘する華族の妾囲いの慣習も同時代の妾文化を構成するものであり、この問題については第1章の第2節「妾の近代文化」で詳しくみていくことにする。

それから、近代女性史でも妾に関する研究は着手されている。妾は、一八七〇年に成立した刑法新律綱領で、妻と同じく二等親としての身分を与えられ、婚姻制度の内部に組み込まれた存在になった。その後、明治の知識人たちの間で「廃妾論」が湧き起こり、その議論の影響を受けて、妾の法的身分は廃止されることになる。制度廃止に影響を及ぼした男性知識人の廃妾論や、元老院での議論を分析したのが小山静子である。[25]また、早川紀代は、「妾制度は日本近代の国家と市民社会の形成における難問」[26]だったとし、民法や皇室典範の庶子制度の温存によって、近代日本の一夫一婦制度の成立は「流産」[27]したと捉えた。この二人の議論は、明治初期の一夫一婦の形式が成立する日本の法制度とそれを支持する世論のあり方を捉えるうえで貴重な先行研究であり、第1章ではその成果を参考にしている。またフェミニズムと美術史の立場から、実子がいない皇后を天皇の正妻としてどのように近代的な一夫一婦像を国民のなかに浸透させるかという、近代天皇制の表象の問題を分析した若桑みどりの優れた研究[28]がある。若桑の研究を通して、明治天皇と皇后像の裏には、一夫多妻の本音と一夫一婦の建前を使い分けながら、一夫一婦のイメージを巧妙に形成していった近代天皇制のジェンダー規範をうかがうことができる。

そして最後に、日本の女性学では目立った研究はされてこなかったが、韓国では近代朝鮮の一夫一婦制度の構築過程に妾が重要な因子として絡んでいたことに着目し、その研究を次々に発表してきた研究者がいることを紹介しておきたい。韓国女性史研究者の鄭智泳である。鄭は韓国のジェンダー構造に関心をもち、その構造のなかで周縁化された女性たちのあり方に歴史学の方法論からアプローチしてきたが、また妾に関する研究も多く、「朝鮮時代後期における周縁の女性たち」「朝鮮時代後期の「妾」と家族秩序」「一九二〇―三〇年代における新女性と「妾／第二夫人」」「近代における一夫一婦の法制化と「妾」の問題」[29]などがある。

朝鮮王朝時代にも日本と同じように妾の慣習はおこなわれていて、近代化にあたって妾をどのように扱うべきか、日本統治時代の朝鮮でも知識人の間で様々な議論が起こった。妾が問題になるその時代状況を鄭智泳は、知識人たちの議論や新聞に掲載された刃傷沙汰事件から分析している。例えば、二〇〇六年の「一九二〇―三〇年代における新女性と「妾／第二夫人」」では、「新女性」と呼ばれるモダンガールが「妾」「第二夫人」になる状況があったこと、それは大家族や夫の両親から抜け出す主体的な行為であり、女性たちが「旧習と改造のぶつかる」地点に立たされながらも、新しい婚姻関係のあり方を模索したものだったとして、一九二〇年代・三〇年代に妾になった女性たちの生き方を分析していて、大変興味深い。

また、二〇〇八年の「近代における一夫一婦の法制化と「妾」の問題」では、「東亜日報」に掲載された「妾」に関する事件記事（犯罪、訴訟、死亡）を分析している。記事から妾がどのようなものとして社会に認識されていたのかを分析し、蓄妾制は社会革新のために廃止されなければならず、妾は犯罪を引き起こす原因として議論されたことを明らかにする。そして、近代朝鮮の一夫一婦の法制度とジェンダー規範が、妾の消滅の過程を経て構築されるものだったことを結論づけている。

日本の女性学研究ではほとんど妾に関する研究にふれることができなかったため、この鄭智泳の妾に関する研究方法・視点が大変参考になった。前述の二つの論文は翻訳(30)されて日本語で読める。とくに二〇〇八年の論文は、近代の新聞記事を探るアプローチとして参考になり、第3章「一九三〇年代の妻と妾――妻の嫉妬と閉塞感」執筆の示唆を与えてくれた論文としても、実に意義深いものであることを付言しておく。

本書の構成

さて、これから明治期から二〇一〇年代までの時間軸のなかで妾と愛人についてみていくが、第1章「明治の妾――一夫一婦の裏面の妾という存在」では、近代日本の出発点である明治期の妾について議論する。近代日本は当初妾に妻と同じ婚姻制度内の身分を与えたが、早々に廃止し、法制度上では存在しないことにした。しかし、この制度的建前とは異なり、妾の近代文化は発展していく。この婚姻制度の裏面に存在した妾の様子と妾が果たしたジェンダー役割について、法制度と文化という二つの側面から分析する。

第2章「戦前の愛人――恋愛をする人」では、明治期から一九二〇年代までの愛人について分析する。愛人は妾が廃止されたことで浮上する近代的概念である。現在、妾と愛人は「社会的に容認されない、既婚者の男性が交際する妻以外の女性」という意味で共通しているが、実はこの意味は戦後から現在に至る時代文脈のなかで通用するものであり、近代の初めには愛人はこの意味で使われるものではなかった。戦前、愛人は、近代の恋愛文化の一翼を担い、一夫一婦制度を支えることになったロマンチックラブイデオロギーの担い手として、近代の知識人たちに欲望される存在だった。第2章ではこの愛人の起源や意味の成り立ちを、文学作品や知識人らによる恋愛論、婦人雑誌、新聞記事を資料として分析する。

第3章「一九三〇年代の妻と妾――妻の嫉妬と閉塞感」では再び妾の議論へと戻る。ここでは第1章とは視点を変えて、一夫一婦の「妻」の立場からみた妾の問題について言及する。考察する時期は、戦時体制のイデオロギーが強まり、兵士を産み育てる役割を負った銃後の守りとしての妻像が構築されるなど、妻言説の圧力が高まった一九三〇年代である。この時期に一夫一婦の内部に起きていた問題を、妾の存在を通して、またそれ以前の時代文脈との比較から検討する。分析は、新聞の事件記事と身の上相談記事を対象にしておこなう。夫と交際する妾に嫉妬する妻、一夫一婦制度のなかで閉塞する妻の像を確認することになるだろう。

第4章「戦後の愛人――働く女性、性的存在、不道徳な存在」では、戦後の愛人に視点を移し、ロマンチックラブイデオロギーを支え、人々に好意的に考えられていた戦前の愛人が婚姻制度の外部に押し出され、人々から眉をひそめられる存在へと一変していく様子を文学作品や週刊誌の記事から探る。そして一夫一婦制度との関わりのなかで、戦後の愛人が果たした役割を検討する。愛人は、働く女性として夫の生産労働を支えるという、妻が担った再生産労働とは別の第三の労働ともいえる役目を担う女性だったという状況がみえてくるだろう。

注

(1) 法人税法(一九六五年制定)には、法人の役員から生計の支援を受けているもの(役員の親族または役員と事実上婚姻関係と同様にある者以外の)として「特殊関係使用人」という存在が示されている。これは現在では一般的に「愛人」という言葉で理解されるものかもしれないが、本書の結論から検討すれば経済的依存を前提にして夫と主従関係を結んできた「妾」なる女性が想定されたものと考える。いずれにしても「妾」「愛人」という言葉でその存在を示していないことに留意したい。また、ここで指摘しておきたいことは、「特殊関係使用人」という概念は、当該使用人に対して法人から不相当に高額な給与が支払われていた場合、法人の各事業年度の所得の金額の計算上、損金の額に算入しないことを目的に示されるものであり、「特殊関係使用人」の身分や権利を保障するためのものではないということである。さらに民法には「公の秩序又は善良の風俗に反する事項を目的とする法律行為は、無効とする」(第九十条)という公序良俗に関する規定があり、例えば既婚男性の愛人が、関係を結んだ対価として相手に金銭を要求しても二人の関係は公序良俗に反する行為と考えられ、愛人の訴えは無効になる。このように「妾」「愛人」は現在の法に明記される言葉ではないし、その存在は法の保護を受けるものでもないことを指摘しておく。

(2)井上輝子／上野千鶴子／江原由美子／大沢真理／加納実紀代編『岩波女性学事典』岩波書店、二〇〇二年

(3)この問題については、次の論文で明らかにした。石島亜由美「私にとっての「女性学」という場——水田宗子の女性学と草創期の議論を再考して」「WAN女性学ジャーナル」二〇一九年(https://s3.ap-northeast-1.amazonaws.com/data.wan.or.jp/journal/fa9345893eb609f0ac587f7327933f44.pdf)

(4)この論点は、筆者が大学を離れたあとに立ち上げた「サバイバルとしての女性学研究会」での乾智代、真野孝子との議論を通してまとめたものである。

(5)山田昌弘『結婚不要社会』(朝日新書)、朝日新聞出版、二〇一九年、四七ページ

(6)尾崎保子「左伝における婦女観(10)——「妾」について」「学苑」第七百六十二号、光葉会、二〇〇四年、六二、六四ページ

(7)仁井田陞『支那身分法史』東方文化学院、一九四二年、七二五ページ

（8）同書七二〇ページ
（9）桜井丸雄「妾の法的地位をめぐる集解の諸説について――王朝法律学の一考察」「熊本大学教育学部紀要」第一号、熊本大学教育学部、一九五三年、三一ページ
（10）前掲『支那身分法史』七二一ページ
（11）滋賀秀三『中国家族法の原理』創文社、一九六七年、五五二ページ
（12）須田春子「我が国古代に於ける一夫多妻制とその実態」、青山学院大学文学部編「青山学院大学文学部紀要」第四号、青山学院大学文学部、一九六〇年、一五二ページ
（13）大竹秀男『「家」と女性の歴史』（弘文堂法学選書）、弘文堂、一九七七年、七三―七五ページ
（14）関口裕子『日本古代婚姻史の研究』下、塙書房、一九九三年、二〇四ページ
（15）小林宏「日本律における妾の地位――唐律との比較から」、法史学研究会会報編集委員会編「法史学研究会会報」第八号、法史学研究会、二〇〇三年、一八ページ
（16）高柳真三「徳川時代の妾」、老川寛監修『家族研究論文資料集成――明治 大正 昭和前期篇』第二十一巻所収、クレス出版、二〇〇一年、五六一ページ（初出：一九三六年）
（17）石井良助『続 江戸時代漫筆――江戸の遊女その他』井上書房、一九六一年、一九六ページ、大竹秀男「江戸時代の妾」、大竹秀男／服藤弘司編『幕藩国家の法と支配――高柳真三先生頌寿記念』所収、有斐閣、一九八四年、五三〇ページ
（18）「半囲」とは、「妾」の自宅へ通う囲妾の形態のこと。「安囲」とは、数人に安い手当で囲われ、囲い主がそれぞれ日を決めて通ってくる形態のこと。
（19）前掲「徳川時代の妾」五六一ページ
（20）前掲「江戸時代の妾」五二三ページ

(21) 前掲『続 江戸時代漫筆』一九七、一九九ページ
(22) 法制史分野での江戸期・明治期の「妾」の研究については次のようなものがある。浅古弘「明治前期における妾の身分――戸籍記載を通して」「法律時報」一九七五年十一月号、日本評論社、同「明治初年における娶妾資格」「早稲田法学会誌」第二十六号、早稲田大学法学会、一九七六年、前掲『続 江戸時代漫筆』、石井良助『日本婚姻法史』(「法制史論集」第二巻)、創文社、一九七七年、前掲『「家」と女性の歴史』、前掲「江戸時代の妾」、中川善之助「妻妾論」、老川寛監修『家族研究論文資料集成――明治 大正 昭和前期篇』第二十巻所収、クレス出版、二〇〇一年(初出:一九三三年)、同「妾論――妾の周旋と売淫斡旋罪」「民商法雑誌」第三十九号、有斐閣、一九五九年、前掲「徳川時代の妾」、高柳真三「妾の消滅」、前掲『家族研究論文資料集成――明治 大正 昭和前期篇』第二十一巻所収(初出:一九三六年)、同『明治初年に於ける家族制度改革の一研究――妾の廃止』(「日本法理叢書」第三輯)、日本法理研究会、一九四一年、同『明治前期家族法の新装』有斐閣、一九八七年、高木侃『三くだり半――江戸の離婚と女性たち』(平凡社選書)、平凡社、一九八七年、西田真之『一夫一婦容妾制の形成をめぐる法的諸相――日本・中国・タイの比較法史からの展望』日本評論社、二〇一八年、村上一博『日本近代婚姻法史論』法律文化社、二〇〇三年
(23) 「妾」に関する森岡の研究には以下のものがある。森岡清美「昭和戦前期華族の世帯構成と家族構成」、淑徳大学研究公開委員会編「淑徳大学研究紀要」第三十号二、淑徳大学、一九九六年、同「一勲功華族における妻と妾――男爵尾崎三良の場合」、淑徳大学社会学部研究公開委員会編「淑徳大学社会学部研究紀要」第三十二号、淑徳大学社会学部、一九九八年、同「明治初期の華族社会における妾」、淑徳大学社会学部研究公開委員会編「淑徳大学社会学部研究紀要」第三十三号、淑徳大学社会学部、一九九九年、同「華族社会と娶妾習俗の崩壊」、淑徳大学社会学部研究公開委員会編「淑徳大

学社会学部研究紀要」第三十四号、淑徳大学社会学部、二〇〇〇年、同「明治期新華族周辺における妻と妾——円地文子『女坂』から」、淑徳大学社会学部研究公開委員会編「淑徳大学社会学部研究紀要」第三十六号、淑徳大学社会学部、二〇〇二年、同『華族社会の「家」戦略』吉川弘文館、二〇〇二年

(24) 前掲『華族社会の「家」戦略』二五九ページ

(25) 小山静子「明治啓蒙期の妾論議と廃妾の実現」、日本思想史懇話会編「季刊日本思想史」第二十六号、ぺりかん社、一九八六年

(26) 早川紀代『近代天皇制国家とジェンダー——成立期のひとつのロジック』青木書店、一九九八年、五ページ

(27) 同書三ページ

(28) 若桑みどり『皇后の肖像——昭憲皇太后の表象と女性の国民化』筑摩書房、二〇〇一年

(29) 鄭智泳「朝鮮時代後期における周縁の女性たち——寡婦、再婚女、妾、独身女」、チョ・オグラほか『ジェンダー、経験、歴史』所収、西江大学出版部、二〇〇四年、鄭智泳「朝鮮時代後期の「妾」と家族秩序——家父長制と歴史の位階」、韓国社会史学会編「社会と歴史」第六十五号、文学と知性社、二〇〇四年、鄭智泳「一九二〇—三〇年代における新女性と「妾／第二夫人」——植民地近代における自由恋愛結婚の決裂と新女性の行為性」、韓国女性学会編「韓国女性学」第三十八号、韓国女性学会、二〇〇六年、鄭智泳「近代における一夫一婦の法制化と「妾」の問題——一九二〇—一九三〇年代『東亜日報』事件記事の分析を中心として」、韓国女性史学会編「女性と歴史」第九集、韓国女性史学会、二〇〇八年

(30) 鄭智泳「一九二〇—三〇年代における「妾／第二夫人」問題——植民地近代における自由恋愛結婚

の決裂と新女性の行為性」石島亜由美／姜ガラム訳、「女性・戦争・人権」学会学会誌編集委員会編「女性・戦争・人権」第九号、行路社、二〇〇八年、同「近代における一夫一婦の法制化と「妾」の問題――一九三〇年代『東亜日報』事件記事の分析を中心として」石島亜由美訳、「女性・戦争・人権」学会学会誌編集委員会編「女性・戦争・人権」第十七号、行路社、二〇一九年

第1章　明治の妾——一夫一婦の裏面の妾という存在

はじめに

本章では明治期の妾について、法制度と文化という二つの側面から考察する。

近代日本は、「妾を廃止する」という手続きをとることによって一夫一婦の婚姻制度を成立させた。近代草創期、「妾」は「妻」と同じく二等親[1]として扱われ法的身分を有していた。この身分は、一八七〇年に制定された刑法新律綱領の規定によるが、それからわずか十年あまりで妾の法的身分は解消され、これによって一夫多妻から一夫一婦の婚姻原理を貫く法制度が立ち上がった。

このあり方は、儒教的男尊女卑の規範からの解放を目指した近代の女性たちに支持された。女性たちにとって一夫一婦は、一夫多妻の規範のもとで男性の支配下に置かれていたジェンダー社会からの解放を意味するものとして重要なよりどころになり、女性が男性と対等な立場になって主張することができる根拠として革新的な思想だったのである。

しかし、制度上は廃止されても妾囲いの慣習がなくなることはなく、妾は存在しつづけた。この近代日本の文化構造のなかにみられる妾は前近代の遺物などではなく、実は近代の制度化と慣習によって再編されている。本章の目的は、近代日本の妾のあり方を、制度、人々の意識、慣習から考察することによって、その位置づけを一夫一婦との関わりのなかで捉えることである。

そのために、法に書き込まれ、そして解消された妾の法制度上の位置づけと、慣習としておこなわれた妾の文化という二つの側面から考察する。制度については、先行研究から一夫一婦制度化の過程を振り返り、妾の法的位置づけの決定とその廃止が、どのような手続き、経過をたどったのかを確認する。また、その手続きが近代日本のジェンダー文化の構築にどのような影響を与えるものだったのかについても分析する。次に、文化のあり方について議論する。議論の関心は妾を囲う男性の事情、妾を囲う男性の妻の事情、囲われる側である妾の事情に向かい、「夫」「妻」「妾」の関係性に注目することにある。

1　法制度からみる妾の位置づけ

妾の制度化と廃止

近代日本の法制度は一夫一婦の婚姻原理を立ち上げ、フェミニズムは婚姻関係のもとにある男女の平等を目指すことに注力してきたが、婚姻の制度化の過程で当初妾が組み込まれたことについては、女性学にあってはあまり注目されず論じられてこなかった。そのため、ここでは別に発表されている妾制度の制定と廃止の過程をめぐる先行研究を参照し、あらためてこの流れを踏まえることにして論点を整理する。

近代草創期では、妾の法的地位が定められていた。一八七〇年に制定された刑法新律綱領には、その存在が明確に規定された。新律綱領は、妾を妻と同じく二等親として位置づけて法的身分を与えたのである。

しかし、このとき妾は妻と全く同等の身分として規定されたわけではない。同じ二等親でも妻に準じる扱いだった。例えば、妾が夫と夫の親族に犯罪をなした場合は妻よりも一等重い刑罰が科せられたが、夫が妾に犯罪行為をした場合、妻に対するよりも数等軽い刑罰になった。(2) 服喪についても差別があり、妾に子がある場合を除いて夫が服する喪は妻だけとなるなど、妾は妻とは差別化されながら、その存在を法のなかに書き込まれた。

新律綱領で定められた規定は、戸籍登記にも反映されることになった。太政官は一八七三年に、妾の夫方戸籍への入籍方法について、戸主の妾は「妻ノ次」、「父ノ妾ハ母ノ次、祖父ノ妾ハ祖母ノ次」(3) とした。七二年に施行された壬申戸籍には、妾の戸籍登記についての規定がなかったためにこのような指示を出したのである。また夫の子をめぐっては、太政官布告第二十一号（一八七三年）で次のように定められた。

妻妾ニ非サル婦女ニシテ分娩スル児子ハ一切私生ヲ以テ論シ其婦女ノ引受ケタルヘキ事　但男子ヨリ己ノ子ト見留メ候上ハ婦女住所ノ戸長ニ請テ免許ヲ得候者ハ其男子ヲ父トスル可得事(4)

これは「妻」「妾」ではない女性との間に生まれた子の処置を定めたものであり、「妻」「妾」ではない女性が産んだ子は「私生」の子として母親が引き取ることになるが、その父親が認知すれば父の子として認められると決めている。(5) ここには、妻が産んだ子は嫡子、妾が産んだ子は庶子、それ以外の女性が産んだ子は私生子と区別していることが前提になる。新律綱領では、妻が産んだ子は一等親、妾が産んだ子は三等親と決められ、嫡子と庶子の間には差別があるものの、ともに「当然に公に其の身分が取得される(6)」ものだった。これに対して、そうではない子に対する処置をここで定めたのである。

つまりこの布告は、「妾の生んだ庶子も、私生子とは異なり、当然に父を有つ、謂はば婚姻上の子(7)」と見なし、「裏からいへば、妾の制度が確立して居り、妾といふ身分が婚姻的身分(8)」として認められていることを示していた。

しかも布告では、父親の権利を強力にしている。父親には「認知」という条件で、「妻」「妾」以外の女性が産んだ子も、その子を庶子として父親の親族に加えさせる方便を与えたのである。つまり、庶子の「概念の周延は無限に近く拡大」され、「男性の性関係が無限に公認される(9)」状況を許す内容だったのである。男性には、妻や妾以外の女性との間になした子であっても相続者として確保する道が開かれ、しかし認知は義務ではないため、場合によってはその子の認知はしなくてもいいという好都合な権利が与えられたのである。

さらに一八七六年には内務省から、庶出男子は嫡出女子に先立って相続の権利をもつという見解が出され[10]、「嫡出子」と「庶子」の相続の優先順位の取り決めが確認されている。妾は妻とともに婚姻内の関係に位置づけられ、「庶子」を家の継承原理に組み込むための手段になっていたのである。

このように近代化後すぐに整えられた刑法、戸籍、子の認知をめぐる手続きでは、妾は妻とともに婚姻関係をもつものとして扱われたが、まもなく妾の法的身分の規定は廃止されることになる。一八八〇年、新律綱領に代わる刑法（旧刑法）が公布され（施行は一八八二年）、ここで妾に関する条項が消滅した[11]。さらに八三年、参議院の審議に基づいて太政官は、「妾ハ法律上之ヲ認メサルモノニ付、別ニ戸籍上列次ノ順序無之義ト可相心得事[12]」という指示を出した。内務省は、刑法で妾の規定が廃止されても戸籍手続きは従来どおりすることを認めていたが、これによって妾の戸籍登記も廃止されることになった。加えて二年後の八五年、内務省は「妾ノ称号」についても「法律上公認スヘキモノニ無之[13]」という指示を出して、妾という文言それ自体が法律上認められないことになった。ただし、明治民法施行に伴って戸籍法が改正されるまでは、旧刑法施行以前に戸籍に登録された妾は、そのまま妾の身分を維持した[14]。

このように近代日本の草創期には妾は法的身分を有していて、夫妾関係には法的根拠が与えられていたが、新律綱領の制定からわずか十年あまりで身分規定に対する変更がなされたのだった。妾は公的言説空間にその顔を一瞬のぞかせたが、これ以後ないものとして扱われていくことになる。

庶子制度の存続――留め置かれた「妾」の機能

妾の身分が旧刑法で廃止されたことによって、夫の配偶者は妻だけになった。しかし、当初妾に期待された機能は、そのまま法のなかに留め置かれた。

ここでいう妾の機能とは、「夫の子どもを産む」という意味である。妾という言葉はなくなっても、その女性が産む庶子についての項目が法から消されることはなかった。法律上で妾を廃止する以上、その辻褄を合わせるためには妾が産んだ庶子の法的身分も同時に廃止することが当然の措置のように思えるが、一八九八年に成立した明治民法（家族法）は「庶子」をそのまま残したのである。

妾が廃止されたにもかかわらず、なぜ庶子という概念を残すことができたのだろうか。これまでみてきたように、妻が産んだ子は嫡出子、妾が産んだ子は庶子とされ、妻妾以外の女性が産んだ子は私生子とされてきた。ここに妾が廃止されたことによって、妾と妻妾以外の女性の区別が取り除かれ、「妻」と「妻ではない女性」という女性をくくる新たな枠組みが出現することになった。「民法は妾と妾ならざる私通婦との区別を撤廃し、女は妻であるか他人であるかといふことにし(15)」たのである。そして妻が産んだ子は、これまでと同じく嫡出子だが、妻以外の女性が産んだ子はすべて私生子とし、私生子を父が認知した場合にその子を庶子とすると定められたのである。

妾の子は、これまで法律上の手続きの際、「自動的」に父の子として認められていたが、母親の法的身分が廃止されたことで、父親の認知を受けなければ、その父の子として認められなくなった。

一方、父親の側には「認知をするか／しないか」という認知権が与えられた。妾が廃止されようとも、父親が嫡出子以外に子を得る手段は相変わらず確保されていて、彼らの権利は狭められることがなかったのである。

さらに、妾を廃止する前にすでに示されていた、庶出男子は嫡出女子よりも相続順位が優先するという相続者をめぐる法的解釈も変更されることなく、明治民法成立後もそのままこの規定は残された[16]。明治民法は重婚を否定して一夫一婦のジェンダー規範を定めているが、この一夫一婦に矛盾する「庶子」という概念を含ませていたのである。

廃妾論

妾が廃止されることになった背景として、明六社の設立（一八七三年）に伴って刊行された「明六雑誌」で、男性知識人が一夫多妻の慣習を近代化にふさわしくない文化と捉えて、男女平等、一夫一婦、廃妾について意見を述べ、近代国家を論じる風潮が盛んになったことがある。「明六雑誌」には、森有礼の「妻妾論」（第八号・第十一号・第十五号・第二十号・第二十七号）、加藤弘之の「夫婦同権の流弊論」（第三十一号）、福沢諭吉の「男女同数論」（第三十一号）、阪谷素の「妾説の疑」（第三十二号）、中村正直の「善良なる母を造る説」（第三十三号）、津田真道の「夫婦同権弁」（第三十五号）などが発表された。妾を廃止し、西欧的夫婦関係を構築することが近代国家としての体面を保つことになると考えた彼らは、妾を囲って妻を冷遇するこれまでの日本の慣習に対してどのように折り合いをつけるべきかの意見を交わした。明六社員から始まったこの廃妾論議は新聞各紙で展開され、さらにその議論の場は元老院へと移り、妾制度は廃止されることになった。明六社→新聞→元老院へと議論が移行するにつれて、観念論的なものから現実を踏まえたものへ、さらに法律の整備へと具体性をもって議論がまとまっていく過程を小山静子は明らかにしている。(17)

ここでは廃妾議論の発端になった森有礼の「妻妾論」について考察する。その選定理由は、「妻妾論」がほかの論説よりも先行して発表され、後続の議論がこれを参照しながら展開されたこと、小山が「観念論」と指摘しているように、近代日本の婚姻制度の基盤が固まる状況でどのような観念(ジェンダー意識)が立ち上がっていたのかを考察するのに適した素材であるからだ。

以下、詳しく検討していく。森の「妻妾論」では、次の四つの柱から論じている。

①国家の最小単位としての夫婦

夫婦の交は人倫の大本なり。その本立てしかして道行わる。道行われてしかして国はじめて堅立す。(18)

これは、「妻妾論」の冒頭である。森は、「相扶け」「相保つ」夫婦のあり方を「人倫の大本」と位置づけ、それは同時に国家の大本になるものと捉えた。近代国家の最小単位に「一夫一婦」が据えられていることがわかる。そして、夫婦には相互の義務と権利があることを説くが、当時の日本で夫は自分の思うままに妻を役使する状況があり、夫婦であってもその間に距離があることを問題視する。夫は「一妾」あるいは「数妾」を囲ったり、妾を妻に改める、さらには「妻妾併居」することもある。そして妻を疎んじ、妾に親しむことまである。国法は妻妾を「同視」し、その生まれた子も「平等」に扱う。こうした事態は文明開化に水を差すものであり、「我邦人倫の大本いまだ立たざる」[19]と、人倫の大本である一夫一婦が実現されない妾囲いの慣習を厳しく批判する。

②「血統」の価値

「血統」を正しくすることが欧米の慣習であり倫理のよりどころになるはずだが、アジアではそうではなく、日本でも「血統」を軽んじる慣習は甚だしいとして、妻以外の女性から生まれてきた子を、その夫婦の「子」とする日本の慣習を批判している。夫の妾から生まれた子を、たとえ妻が心から納得して認めたものではないにせよ、無理に夫の妻の子と認めさせることがあるが、それは「無情非議」なことであり、こうした事態が一夫一婦の道徳を妨げるとする。一夫一婦の名実が伴わないにもかかわらず親子・兄弟・姉妹・親戚のつながりをどうして得ることができるだろうか、と指摘している。

③妻に対する夫の義理

夫と妻は主人と奴隷のような関係であり、妻を「虐使」する状況にあるという。妻に対して、大声で叱る、罵る、殴る、蹴るなどの夫の精神的・身体的暴力がおこなわれている。命を預けて貞節を守る妻のおこないを無視して夫はさらに妾をあがない、「婢」を置き、情欲の赴くまま好きなようにしていることは「無情非議」を極めていると非難する。「犬」「豚」「牛馬」のように何人もの女性と関係をもつ夫は、彼に対して貞節を守り深愛の念を抱く妻に対して不誠実で薄情であると憤慨し、妻に対する夫の不義理に対して自発的是正を求めた。

④「妻」「母」役割の重要性

女性は人の妻になり、家を治める立場にあり、その責任は決して軽くないことを指摘する。さらに、妻は、母になり子どもを養育する立場になるため、その役割は難しいが重要なことであると説き、「妻」と「母」の役割の価値を示す。とくに子どもを養育する立場にある者として、母は物事に対するまとまった考えをもち、それによってその子どもを立派に育てるべきであると説いた。妻として、母としての役割の重要性を指摘し、これまでみてきた夫婦の不平等性を乗り越え、名実ともに整った夫婦関係を築くことを意図している。

このように、森の「妻妾論」は日本が近代国家として基盤を固め欧米列強と肩を並べる存在になるためのよりどころとして「一夫一婦」に重要な役割を負わせた。近代国家成立という男性にとっての重大な関心のうえに妻の価値を引き上げ、一夫一婦の婚姻関係の確立を唱えていることがうかがえる。そして、一夫一婦が定着するには次のような〈障害〉があると森が認識していたことがわかる。それは、妾の存在が法律で明文化され、妾の子が妻の子と平等に扱われていること、つまり妻以外に夫の子を産む女性がいたということ、妻をないがしろにして妻以外の女性と夫が関係をもつ慣習があること、妻と母の役割を軽視する風潮があるということである。

「妻妾論」では、こうした妻の不確かな位置づけを克服することと廃妾が同時に目指されている。一夫多妻の状況から妻以外の女性をふるい落とすことによって、夫のパートナーになるべき一人の「妻」、夫の子を唯一身ごもることができ、夫の子の教育者になるべき一人の「母」という女性像が浮かび上がってくる。それまでの妻は、配偶者という意味でも、子を産むという意味でも、夫にとって唯一の存在ではなかった。それらの役割は、彼女だけのものではなかった。それを改めて、夫の配偶者として子を産み育てる役割を一人の女性に集約し、その価値を与えている。現在では当たり前になっているこのような妻像が構築される契機に廃妾の過程を通過しなければならなかったということ、そして、妾が一夫一婦の障害になった経過をあらためてここで確認しておきたい。近代国家成立の重要条件として一夫一婦の価値と妻の立場が引き上げられ、妻の立場を有効とするために妾の存在が都合が悪いものへと変換されていく論理は見逃せない。一八七〇年代に、近代国家という大義名分のもとで妻と妾の二分化が鮮明になる状況がここに確立された。これは第2章で指摘するが、一八八〇年代後半からキリスト教系の女性団体や女性雑誌で、愛情に基づく一夫一婦のあり方が信奉されたその裏で妾が排除された時期よりも前である。廃妾の始まりはまずは「国家」の確立にあったといえるだろう。

　さらに、妾を廃止せよという主張の一方で、妾制度は残すべきだとする存妾派の意見も同時に声高に叫ばれていたという点も最後に指摘しておく。明六社の議論から飛び火した新聞では、妾をもつことは自由であること、一夫一婦では血統が途絶える心配があり、皇室の存在が深く関わっているなどの理由で存妾論が主張されていたことを小山静子は指摘している。[20]そして元老院でも、妾は「日本の伝統」として、皇統の継続という観点から廃止されるべきではないという意見が強力だったという。しかし、廃妾でも皇位継承には問題を残さないこと、[21]妾をもつことを事実上禁止しないこと、庶子制度が存続する以上、相続上も問題にならないことなどの廃妾派からの説得の末、妾廃止が決定されることになった。[22]天皇制と一夫一婦の問題については次節で、華族の妾囲いの慣習とともにみていく。

こうして新・旧時代の価値観がぶつかり合い、本音と建前の巧妙な使い分けをしながら公的な妾制度は廃止されたのだった。近代日本の一夫一婦制度は、妾を廃止するという手続きの上に築かれたのであり、同時に「庶子」の概念が吸収されていた。一度取り込んだ庶子という実利は懐に入れたまま、あとに残されたわずらわしい問題――妾という存在――は早々に制度から消し去ってしまうという処置をとって、近代日本の一夫一婦制度は動き始めたのである。

2　妾の近代文化

一八八〇年代前半、妾は法制度上で廃止されたはずだった。しかしながら、実態としては妾を囲う慣習がなくなることはなかった。折しも一夫一婦の原則を謳った明治民法が制定された九八年、

「万朝報」は黒岩涙香による妾を囲う男性を批判する記事「弊風一斑　蓄妾の実例」を報じた。五百人を超える男たちの妾囲いの様子をレポートする連載記事のなかで、伊藤博文や渋沢栄一ら近代化の一翼を担った政治家・実業家から、呉服問屋や魚河岸の店主などの商人に至るまで、幅広い社会的属性の男性の妾囲いが報告され、その存在はなくなるどころか彼らの慣習のなかにしっかりと根を下ろしていることがうかがい知れるのである。

庶子制度の存続によって一夫一婦制の確立が〝流産した〟ということは、皇室典範など明治期の法の編纂過程を論じた早川紀代の研究[23]ですでに指摘されてきたことだが、ここでは制度的事情からもう一歩踏み込んで、法制度では廃止されたはずの妾が近代文化のなかでどのような姿で、そしてどのような事情で生き残ることになったのか、妾という観点から近代の一夫一婦がどのように動きだしていくのかをみていくことにする。

そのためにまずは、先に示した「弊風一斑　蓄妾の実例」の分析を通して妾を囲う男性の属性の特徴を明らかにし、さらに近代の妾囲いを華族の慣習に注目して研究した森岡清美の先行研究を参照しながら、近代の妾文化の一端をつかむことにする。

「万朝報」で報道された妾を囲う男性たち

以下は、ある商人の妾囲いについての「万朝報」の記事である。

肥料問屋岩出惣兵衛　は深川東大工町六番地岩出屋の主人にて二百五十円ばかりの所得税を納

むる豪家なるが、日本橋区蠣殻町二丁目一番地に元と柳橋の芸妓藤岡ゆうなる古き妾を置きながら妻妾に隠くして、元と赤坂芸妓小林きん（十九）という年若き妾を神田区美土代町二丁目三番地に蓄う。(24)

「万朝報」は一八九二年に黒岩涙香が創刊した日刊紙である。この紙面で世間の男性の妾囲いの慣習を報じる「弊風一斑　蓄妾の実例」は、九八年七月七日から九月二十七日まで連載された。前述のように他人の秘密を容赦なく暴きたてるような調子で延べ五百人以上の男性の妾囲いを次々に報じていった黒岩は、「蝮の周六」「マム周」などと呼ばれて人々から恐れられ嫌われる存在だったという。(25)

さて、「蓄妾の実例」で報じられた妾を囲う男性の社会的属性を調べてみると表1のように整理することができる。「蓄妾の実例」は新聞社の一記者として黒岩涙香が報じた記事であり、妾の社会的実態をそのまま示すものではないが、(26)黒岩のリサーチの範囲でわかる妾囲いの状況であることを理解したうえでみていこう。

男性の社会的属性のなかで最も多かったのは、肥料問屋や薬種問屋、呉服店の店主などの商人であり、全体の約三〇％を占めた。次に華族、聖職者と続く。商人の妾囲いが最も多い事態は予想を裏切るものだった。というのも、ここで報じられたのは江戸期から商業が盛んで人口が集中していた日本橋界隈から深川付近に在住する商人がほとんどであり、その囲い方も妾にタバコ屋や待合をやらせる（表1の「妾の商売」）、または妾を誰かのもとに預け置くというものであって、江戸期の

表1　「蓄妾の実例」で報道された妾囲いをしていた男性の社会的属性（筆者作成）（単位：人）

男性の属性	人数	本宅に置く	子の有無	妾の商売
華族	62	26	21	1
大臣	2	1	0	0
政治家	30	9	3	6
会社社長・重役	28	3	3	2
銀行頭取・重役	20	6	1	1
商人	139	9	9	23
高利貸（貸金業）	13	5	3	1
地主・資産家	14	2	3	1
被雇用者	35	1	5	4
軍人、軍関係者	20	9	5	0
聖職者	36	0	3	1
医師	15	3	1	2
技師	7	1	0	0
学者（博士など）	7	2	1	0
官吏（秘書官、書記官など）	11	2	4	1
司法関係者（弁護士、大審院判事など）	17	2	1	2
職人	5	0	0	2
その他	40	2	5	1
合計	501	83	68	48

・分析には、現代教養文庫にまとめられた黒岩涙香『弊風一斑 蓄妾の実例』（社会思想社、1992年）を用いた。ここには全部で510の通し番号を付けた記事が所収されていたが、そのなかで女性の男妾についての記事と、妾が記事の主体で囲う男性の属性が不明だった記事は省いた。また、繰り返し報道された男性の記事は1件に取りまとめ、全部で501人の記事を分析の対象とした。
・分類は記事で報じられた社会的属性によってまとめた。
・華族の爵位があるものは、ほかに議員などの属性があっても「華族」として分類した。
・「本宅に置く」では、妾を本宅に置いた男性の数を記している。
・「子の有無」では、妾との間に子どものいる男性の数を記している。
・「妾の商売」では、タバコ屋をやらせるなど妾に商売をさせた男性の数を記している。

町人たちがおこなっていたと考えられる妾文化[27]が、明治維新後三十年あまりたっても衰えず、なお勢いよく続けられていたからである。

そして商人に次いで多かったのは華族の男性たちだった。森岡清美は、娶妾は華族のどの家にも関わりがある現象であり、「娶妾といえば華族社会をみればよく、また、華族社会を論じて娶妾に言及しないわけにはいかない[28]」として、明治期の華族の妾習俗の実態を明らかにした。森岡の研究で指摘されたように、華族による妾囲いの慣習は明治期では一定程度おこなわれるものだったことがわかる。とはいえ人数は商人に次いで二番目に多かったものの、黒岩によって取り上げられたのは全体の一二％程度であり、必ずしも華族が突出していたとは言いきれない傾向を示している。華族とは、近代社会で爵位を天皇から与えられた者のことであり、その単位は「華族の族籍をもつ家[29]」になる。前時代の公卿、諸侯（大名など）によって華族社会の中核が形成され、のちに国家勲功である政治家や軍人、官吏や実業家が新華族に加えられて、最大戸数を記録した一九二九年には九百五十五家が名を連ね、日本の全人口に占める華族人口の割合は〇・〇一％だったという[30]。「万朝報」の十年ほど前の時期ではあるが、一八八七年に登録されていた華族は五百六十五戸[31]であり、そのような状況下にあってわずか三カ月の期間に報道されただけでも六十人以上の妾囲いを確認できることから、確かに華族という身分階級では妾囲いがしばしばおこなわれていたと理解できるかもしれない。しかし、全人口に占める割合からすれば些少であるから、「蓄妾の実例」で報じられた残り約九〇％の男性たちの妾囲いの様子についても視野に入れたい。少なくとも当時の人々にとって妾囲いは華族に限られるものではなく、そのほかにも関心が向けられる属性の男性たちがいたということはいえるだろう。

華族の次に多く取り上げられたのは聖職者であり、寺の僧侶がほとんどだった。聖職者でありながら好色にも女性と特定の関係を築いていた、という視線で書かれたと思われる記事が多い。記事の記述からは断定できないが、僧侶と特定の関係を築いている女性が、一般であれば「妻」と報道されるところを「妾」として報道されていると推測できる記事もみられた。聖職者の異性関係についてのゴシップは、新聞報道にとって格好の素材になったのだろう。報道件数が伸びた要因として考えられる。

そしてもう一つ注目できるのは、会社社長・重役、銀行頭取・重役による妾囲いの件数である。この二つの属性を合わせると四十八人になり、近代の成功者たちが華族に次ぐ層を形成していることがわかる。また高利貸（貸金業）の妾囲いが十三人と、一定程度の存在を確認できる。金融の貸付業は近代以前からみられる職業で、森鷗外「雁」や尾崎紅葉「金色夜叉」（「読売新聞」一八九七年一月一日付―二月二十三日付、一八九七年九月五日付―十一月六日付、一八九八年一月十四日付―四月一日付、一八九九年一月一日付―五月二十八日付、一九〇〇年十二月四日付―一九〇一年四月八日付、一九〇二年四月一日付―五月十一日付、「新小説」一九〇三年一月号―三月号、春陽堂）などの近代小説にも登場する。明治期の習俗を回想した山川菊栄が「ごましおひげの老人よりも、猛獣の放し飼いを思わせる高利貸の方が、はるかに強く「明治聖代」の象徴であり、元首でさえあったような気がするのです[32]」と指摘したように、資本主義の歯車が勢いよく回り始めた近代に羽振りがよくなった職業として注目されるものである。

つまり、黒岩の記事の範囲で妾囲いをする者の属性を抽出するかぎりでは、前時代からの支配階級などに、新時代に台頭してきた政治、軍事、経済などの新勢力が食い込むようにして参入し、近代の妾文化が形成されたということがみえてくる。ただし、これは華族・士族・平民という身分の分類ではないし、また華族には大名華族、武家華族という家祖の栄誉を受け継ぐ階級の者たちに加え、一八八四年の華族令から追加された新華族がともに分類されているため、前時代からの具体的な移行の様子が捉えにくい。しかし江戸時代には、公家、上級から下級の武士、町人のいずれの身分でも、その囲い方や目的が異なっても妾を囲う慣習はみられていた。そして新時代になり公卿や諸侯の特権階級は華族として再編され、士族は維新後に官員や高等官の職業に就くこともあったが、平民エリートの階層的上昇に突き上げられることで士族は社会的威信を喪失するとともに平民のなかに溶解した[33]という事情を考えるならば、前時代に妾を囲ったそれぞれの層の男性たちが新時代の身分制度再編のなかで混交し、世代交代という変数を含みながらも明治期にもその慣習をおこなったということはいえるだろう。

この記事は「蓄妾」をする男性を批判する一記者である黒岩の興味・関心によって書かれていることが前提になるため、そこに書かれた内容をそのまま妾囲いの社会的実態として断定はできないが、記者の視点を通して写し取られた明治期の妾囲いの文化事情をつかめたのではないかと思う[34]。

華族の妾囲い

次に華族の妾囲いの慣習についてみていくことにする。「万朝報」で取り上げられた五百一人のうち、妾との間に子をもうけた男性の社会的属性は華族が最も多かった。ただし、そもそも五百一人のうち妾との間に子がいたのは六十八人で、全体の一〇%程度の数字である（表1の「子の有無」）。かつての武家社会では、妻に子がいない場合の措置として妾の存在が容認され、妾は家の継承者を産むための文化装置として考えられてきたが、明治も三十年あまりが経過した一八九八年の日本にあっては、家の存続のために妾を囲う男性は多くはなかったのではないかと推測する。ただし、そうした風潮であっても妾との間に子どもをもうける慣習をもっていたのは華族だったという傾向は指摘できるだろう。この点は、華族の妾囲いを考える際に踏まえるべきことである。

「万朝報」の記事と同時期ではないが、森岡清美が明治初期の華族の妾囲いの慣習を調査した結果がある。「明治十一季四月調 戸籍草稿」では公家華族で五二・四%、武家華族で五五・八%の聚妾率[35]が示され、また、幕藩体制の末期に大名家の当主だった六人（徳川慶喜・島津忠義・松浦詮・津軽承昭・柳沢保申・蜂須賀茂韶）の聚妾行動を追跡して、明治初期、妾が病弱な妻、嫡子を産まない妻に代わって家の継承者を産んでいる状況を明らかにしている。ただし、この六人の当主の嗣子世代の妾は文献資料では確認されなかったようである。森岡はここから一八九〇年代末から一九〇〇年ごろに華族社会の聚妾習俗に歴史的な断絶が生じたと捉え、天皇の側室制度の廃止の機運もあったことで、華族の聚妾習俗が終焉を迎えたのではないかと論じている。[36]

森岡が華族の妾囲いの慣習の動向を分析する際に重視したように、天皇の側室制度は看過できない問題である。そもそも妾を必要とし、そのため厳格な制度を設けて「家」の断絶を免れようとしてきたのは、華族を藩屏として日本社会の身分制度の頂点に位置する皇室だった。皇室は近代以前から脈々と続く女官制度を維持し、女官には天皇の身近に奉仕し、天皇に寵愛され寝所に侍する役割も課せられていた。孝明天皇の第二皇子だった明治天皇の母は女官の中山慶子である。また、明治天皇の妻・美子には子どもが生まれなかったため、明治天皇は女官との間に十五人の皇子女をもうけ、そのうち権典侍だった柳原愛子が産んだ男子（明宮嘉仁親王、のちの大正天皇）が皇嗣になっている。一方、大正天皇は九条節子と結婚して一夫一婦制を宮中に根付かせたといわれ、一九二〇年代にはのちの昭和天皇になる裕仁が女官制度の改革に着手したことによって、天皇の妾役割を期待される女官制度は消滅している。[38]だからといって、一夫一婦制度が厳密に遂行されたわけではない。明治民法で庶子の概念が残されたように、一八八九年に制定された皇室典範には、皇位の継承範囲が男系男子に限られたとともに、皇位継承者の位置づけが庶子にも与えられている。[39]皇室典範の庶子制度は一九四七年改正の新典範まで維持された。[40]

明治初期の天皇と華族の妾に関する資料から気づくのは、妻に選定される女性の体が驚くほど弱いことである。明治天皇の妻である皇后美子が虚弱体質であることは観察されていた。また、前述の六人の大名家だった当主の妻も、子どもを産まないか、子どもを産んでも出産時に死亡したり、生まれたとしても早世したりするなどして、家の継承者の確保のために正妻はその役割を果たせていない。

また、文学作品にも体が弱い華族の妻を描いたものを確認できる。三宅花圃の「八重桜」には、落ちぶれた一家を養うため女性が華族の小間使いとして奉公に上がり、その家の病弱な妻には子どもが産まれず、妾として主人との間に男の子を出産する様子が描かれている。また、広津柳浪

「妾《おもひもの》」（「文藝倶楽部」第九巻第七号、博文館、一九〇三年）では、日清戦争での活躍によって男爵の位を授かった勲功華族の妾囲いの様子を描いているが、この男爵の妻にも子どもが生まれず、家の跡継ぎのために男爵は妾を囲い、その妾に一男一女を産ませている。

荻生徂徠が武士の法として「妻に子がなければ妾を置くこと」を説いたことが知られているが、前述の具体例から考えれば、そもそも妻に子どもが生まれなくても、彼らにとってそれほど深刻な問題とはならず、妻が子どもを産むことに対する期待ははじめから高くなかったのではないかと考える。子どもを産むのは妻ではなく妾という役割分担が日本の上流階級では常態化していたのではないか。森有礼の「妻妾論」で、子を産む役割が妾から切り離されて妻だけに限られていくジェンダー意識が立ち上がっていることをすでに指摘したが、これは彼らにとっては二つある選択肢のうち一つが消されてもう一方が残ったというような地続きの変化ではなく、それまで子を産むことが期待されなかった妻にその役割が課されるという天と地が返るようなものであり、家の存亡の危機をかけた問題として、さぞ大きく立ちはだかったのではないか。元老院の廃妾論議で、存妾論を強く主張したのは柳原前光、大給恒、秋月種樹という華族出身の議員であり、廃妾派には華族は一人も含まれていなかったことを小山静子が指摘している。[41]

さて、華族の妾囲いの事情を探ればもう一つの特徴を挙げることができる。それは、家柄を重視するために起こる事態である。

一八七一年、華族が華族以外の者と結婚することが認められたが、実際は華族同士で結婚する場合が多かったようである。[42]華族の結婚には、「身分の釣り合い」が重視され、華族内でも公・侯爵と伯・子・男爵との間の溝は深かったという。[43] また、皇后になる者の条件を八九年の皇室典範は「同族又は勅旨に由り特に認許せられたる華族[44]」と定めている。皇室・華族は「家」の継承とその格式に重きを置いて婚姻に対する制限を厳しくしていたのである。

そのため彼らの妾囲いには、家の継承者を確保するために女性を囲うこと以外にも、次のような事態が生じる。結婚できる身分ではない女性をめとりたいとき、妻ではなく妾として家に迎え入れるということである。男性がまだ妻帯していなかったとしても、身分違いの女性は妻にはしない。先の森岡の研究でも、「明治十一季四月調 戸籍草稿」で確認できる娶嫁関係にある嫡系男性の総数は四百四十一人で、そのうち妻だけが二百九十六人(六七・一%)、妻妾ともが五十一人(一一・六%)、妾だけが九十四人(二一・三%)という数字を挙げている。[45] 妻がいなくて妾だけが存在するという事態が、妻妾どちらもめとっているという事態よりも多いことがわかる。

篠原嶺葉の『妾腹華族――家庭小説』(大学館、一九〇七年)にも、華族の男性が、妻帯する前に一緒に暮らしたいと思う好みの女性を妾として家に迎え入れようと画策する様子が描かれている。また先の「八重桜」で、妻に代わって妾が男の子を出産したあと、妻が亡くなったにもかかわらず、この妾は妻になることは許されず、主人のいとこにあたる女性が妻として迎え入れられた。家の格式を重んじる華族の男性にとって、妻は個人の意思で決められない不自由な存在だったと考えられるが、妾は「主人側の都合で自在に追加できるという、妻にはない利便性、妻がいれば発揮できないかもしれない弾力的な運用の可能性があった[46]」ということになるのだろう。

3　文学に描かれた妾

　さて、ここから近代文学に描かれた妾について詳しくみていくことにする。最初に確認しておきたいのは、文学に描かれたことをそのまま社会的事実として提示することはできないということである。文学は作者の視点を通して構築されたフィクションであるからだ。このことは筆者も忘れてはいない。しかし、制度の問題だけでは論じきれない文化の問題を扱うとき、文学は好都合の資料となる。なぜなら「はじめに」でも言及したように、文学は人物の造形が深く練られていて、社会から隠されてきたものが表現されるメディア――近代文学には法制度ではなくなった妾の群像があちこちに散らばっている――であり、そこには制度には書き込まれない人々や社会の意識が描出されている。また近代文学には、近代文化のなかで編成された近代人の自我や主体形成が描かれ、近代のジェンダー文化を見通すテクストとしてフェミニズム文学批評の研究成果も蓄積されている。一夫一婦の裏面で機能した妾の様子を、男性や妻との関わりから探ろうとする筆者にとってはなお都合がいい。文学作品に描かれた妾の造形を通して妾についての作者や社会の意識を探り、妾の存在について議論を深めることにする。

　ここで取り上げる文学作品は、筆者が恣意的に選定したものである。時期を限定しても無数に書かれた文学の作品群を読み込む労力の問題から、作品を規則的に集約していくことが困難だった。

そこで妾を描いた作品として筆者があらかじめ承知していたもの、「妾」というキーワードから国立国会図書館のデータベース検索で探し出すことができたものを取り上げることにした。

また、近代に入って再編された妾の文化について論じる際には時代の区切りをつけたほうが捉えやすいと考え、明治期の作品を主として選定し、「明治の妾」について考察する。ただし、一八八〇年代以前の妾が制度化されていた時期と、廃止後の時期との間には時代的コンテクストのずれが生じるように、一言で「明治」といっても十把一絡げで捉えることはできない。

また、作家の性別に関わりなく作品を取り上げている。しかし、作家の性別や作家の家族制度との関係性から妾の描かれ方に違いが生じることも当然踏まえている。男性作家と女性作家のジェンダーを踏まえて議論しなければならないことは、フェミニズムが繰り返し指摘してきた問題だが、男性作家は女性について描ききれていない、自己の欲望を通して「ここにいない女」を書いているのだという男性ジェンダーに対する単なる告発的な視点だけでなく、男性であれ女性であれ、妾についてどのような距離と立場で書いているのかという点にも配慮したいと考えている。例えば、近代文学が花柳界の生活や人間関係などあらゆることについて描き出して、花柳界は文学史で評価が高い作品を生み出す土壌として機能してきたといわれているが、[47]そこで芸妓や娼妓と交流したのは男性であり、彼女たちの声を直接に聞き、その様子を描くという立場をとるのが男性作家のジェンダーである。一方、女性の場合は彼女たちの労働の現場に嫖客として立ち会うことから疎外されていて、花柳界の女性について知りたいと思う女性は、情人（恋人）として芸妓に関わりその物語を描いた男性作家のテクストから知識や情報を得なければならないという指摘がある。[48]これは、妾が描かれた文学を読み解く際にも参考になる視点である。さらに、男性作家の場合には、近代社会のなかで世間に背を向け家族に逃げ込んだ「闘う家長」か、家のなかの妻に失望して家長であることを放棄して色街に逃げていった「色好みの男」[49]かによっても、妾に対する視線は変わってくるだろう。そして女性作家の場合は、ここでも取り上げる円地文子のように家族のなかの女性の立場、母や祖母の語りに耳を傾けて家規範の内部から女性への抑圧を言語化しようとする作家もいれば、樋口一葉のように遊郭地域との境界線に住み、裏町の暮らしを目撃した立場から女性への抑圧を言語化しようとした作家もいて、それぞれの立場でその描き方は異なるものと考える。

このように近代文学、明治の妾が描かれた文学といっても一枚岩では捉えられないことを承知し、そのテクストが描いた文脈を考慮しながらみていくことにする。では、作家の視線を通して彼らが妾をどのように描いたのかについて、「はじめに」で論じた筆者のフェミニズム的関心から捉えていくことにしよう。

近代男性の妾の囲い方——近代男性の主体を補完するもの／滅ぼすもの

森鷗外「雁」（「スバル」第三年第九号—第五年第五号〔昴発行所、一九一一—一三年〕に断続して「二十一」まで掲載。その後「二十二」から「二十四」まで加筆のうえ『雁』〔籾山書店、一九一五年〕として出版）を初めに取り上げる。「雁」は明治末期から大正期にかけて書かれたものだが、作品の舞台は一八八〇年に設定してある。ちょうど旧刑法で妾の身分規定が廃止された年の出来事になり、その点も作品を読み解くうえで見逃せない要素であることを先に指摘しておく。

物語の主人公は岡田という東京大学に通う医学生である。岡田の友人が物語の語り手になり、大学の寮の近くに囲われる高利貸の妾のお玉と岡田とのはかない恋模様が語られていく。岡田が散歩で通りかかる無縁坂にお玉が住む妾宅があり、その前を通りかかるうちお互いに心引かれるようになるが、岡田はドイツ人医師のベルツ教授からの紹介で洋行が決まって急遽大学を去ることになり、二人の交流はあっけなく断ち切られることになった。岡田とお玉の恋情が続いたのはわずか三カ月あまりであり、手を取り合って将来を誓い合うような関係でもなく、岡田のほうは散歩の途中に気になる女性を見かけたという程度の思い方だった。だが、お玉は、父親に安楽な暮らしを送らせたいという一心で妾になったものの、囲われた主人が世間から嫌われる高利貸だったことに落胆していたことから岡田への恋慕の情は強まり、岡田との関係を結びたい――その暁には妾という境遇から脱したい――という欲求が日増しに高まっていた。

「雁」の筋書きはこのように説明できるが、この物語では、近代日本のエリートと庶民からの成り上がり者の対比が鮮明に描かれていることに注目したい。主人公は将来エリート街道を歩むことを約束された男子学生だが、お玉を囲った末造という高利貸の存在も重要で、物語の中盤は末造についての描写が中心になっている。末造は人に高い利子で金を貸して財を成した成り上がり者であり、以前は大学の寮の小間使いを生業としていた。岡田のような学生たちに都合よくこきつかわれる存在であり、将来の日本を担っていくエリート学生と末造との身分格差は歴然としていた。そのエリートと成り上がり者の間の格差を象徴的に示すものが、彼らの「妾」に対する欲望である。

末造は高利貸として成功して小銭が貯まったことがきっかけで、社会の冷たい視線に対して、余裕がある暮らしが手に入ったことを見せつけたいという虚栄心から妾囲いを始めることにした。末造にとって妾は成功前の自分のみじめな過去を知らないが、妻は昔の貧乏な時分のことを記憶している。それで妻は夫に対して冷めた視線を送っていて、それが末造の妾囲いに拍車をかける。妻という存在を通して、下層の出自を拭い去ることができない男の焦燥感を描いているのである。妾は妻とは違って成り上がり者の空隙を埋める役割を果たし、彼の欲望の対象になる。妾宅に通う成り上がり者の精神構造は次のように語られる。

かう云ふ差向ひの味は、末造がためには、手足を働かせた跡で、加減の好い湯に這入つて、ぢつとして温まつてゐるやうに愉快である。（略）末造は此家に通ひ始めてから、猛獣が人に馴れるやうに、意識せずに一種の culture を受けてゐるのである。(50)

ここに、「妾と差し向かいの味」を「文化」と捉える成り上がり者（成功者）の主体確立のあり方が描かれていることを確認できるだろう。すなわち、近代の成り上がり者が妾を必要とする理由が、近代エリートそのものだった作者の森鷗外によって前述のように描出されたのである。一方で、近代エリートにとって妾という立場の女性は進んで手に入れようという欲望の対象とはならない。小説のタイトルの「雁」というのは、物語の最後に岡田が洋行に出る前に友人らと池のほとりにいた雁を見つけ、岡田が投げた石が雁に命中して雁は命を落とし、彼らの鍋の具材として餌食になったという落ちからきているが、この雁と妾であるお玉の境遇を重ねるようにして語られるところが要点である。つまり、お玉という妾の女性は将来の日本を背負って立つ帝国大学の男子学生にとっては取るに足らない存在であり、彼らの慰みとしてその腹を満たす程度のものでしかないということが示されているのである。お玉は、主人の末造に対して反逆の気持ちを心に据え、岡田に引かれることでその自我を育もうとしていたが、妾のなかに芽生えた自我を無残にも近代エリートが握り潰したのだと解釈できる。岡田にとっての「culture」はお玉との邂逅では起こらず、西欧の知識を吸収してくることで達成されるものだったのだろう。岡田は雁に石を投げて殺してしまったことに罪悪感を抱えながら、その雁を鍋にして食べた。エリートにとって妾なる存在の女性は欲望の対象にはならないが、一時の遊びで食欲を満たす目的程度には利用するものだった。あるいは、近代エリートがこのあと近代女性と本格的な恋愛をするまでの取り次ぎ役程度の存在ということになるのではないだろうか。

したがって、先に指摘したように、この作品が妾の身分が刑法で廃止された一八八〇年を舞台としているという点が重要になる。妾が法制度から排除されることになったのは七〇年代の男性知識人たちの議論を経過したあとだったことはすでに論じた。すなわち、外国の文化にふれる機会があった近代エリートたちにとって妾は非近代性の象徴と考えられ、その廃止が社会の建前として整えられた一方、制度の裏面に据え置かれた妾が近代の成り上がり者の欲望の対象になっていくという社会の分岐点を捉える作品になっているのである。先に示した「万朝報」で報じられた男性の妾囲いのなかに、医師や学者などの知識層の男性——彼らが欧米の思想を吸収しているかどうかは別として——は、会社社長や銀行頭取、高利貸などの資本のパワーバランスで地位を得た層の男性より多くはなかったということもここで指摘しておく必要があるだろう。

次に尾崎紅葉「三人妻」（「読売新聞」一八九二年三月六日付―五月十一日付、七月五日付―十一月四日付）を取り上げる。この作品は、作者の尾崎が当時の「読売新聞」の雑報で報じられた三菱財閥の創設者である岩崎弥太郎の妾囲いにヒントを得て書いたものであり、また執筆と同時代の風俗を写す資料的価値がある作品ともいわれてきた[51]。

主人公は葛城余五郎という豪商である。彼は金沢の農家の次男に生まれ、江戸に出てきてからは極貧の生活を送っていたが、その後鉱山師に見いだされ、明治維新の動乱のなかで稼ぎに稼いでいまでは商社を四つも抱え、都心から離れた郊外に華族の居宅を思わせるほどの豪邸を構えている。先の黒岩の記事の分類に照らしてみれば、葛城余五郎は「会社社長・重役」の属性に該当し、彼もまた近代の成り上がり者といえるだろう。

明治の成功者になった余五郎は金に任せてできる歓楽の数々を享受し、ついには金の力ではどうにもならないような遊びはないかと思うまでになった。それを妻の麻子に告げると「何事も苦き中のおもしろさ[52]」と返され、昔の苦い経験を思い出すことになる。余五郎は住みかもなく路上で暮らしていたときに、地回り（縄張りをうろつくならず者）に囲まれて命も危ういということがあった。そのとき、「蜘蛛のお重」という名で知られていた湯島天神の矢場女（楊弓場で客の相手をする女性。ときに性を売ることもあった）だった妻の麻子に助けられた過去があるのだが、そのときのことほど面白いことは今後もないだろうと妻にたしなめられてしまうのである。この妻との会話が決定打になって、それからまもなく余五郎は妾囲いにのめり込み、以後、三人の妾を囲っていく。

余五郎が最初に囲った妾は、これまでどのような客にもなびいたことがなかった一流の芸妓だった。この芸妓には情人がいたがそれを追いやり、落籍して立派な妾宅に囲った。

次に彼が囲ったのは、雪村という大商人の別邸にいた小間使いである。雪村は、余五郎と同じく明治の成り上がり者だった。この女を手放したくないという雪村の話を聞いた余五郎はそれでも諦めず、その女を彼のものから自分のものにするために画策し、結果的にそれに成功する。

そしてさらに、彼が幼いころから思い焦がれていた娘の妹を手中に収めてしまう。この妹は結婚せずに琴の指導で生計を立てていたが、以前の余五郎を知っている彼女は、そのような卑しい男の前に出るのは差し障りがあるという考えをもつ女性だった。しかし、そうした女性でさえも妾にしてしまう。

葛城余五郎の妾囲いの行動をたどってみれば、立身出世をした男がその地位を確かなものと認識するために、周囲にその実力を誇示する行為と解釈することができる。最初に囲った妾は、どのような客にもなびいたことがない「心から外貌まで自然と柳橋芸妓に出来たる正銘物」「芸者の中の芸者」(53)だった。明治の東京には花柳界が点在し、なかでも柳橋は新橋と並んで「新柳二橋」といわれた。薩長政権の庇護を受けて待合政治の温床になった新興の花街である新橋に対し、柳橋は江戸伝来の狭斜風俗を誇る場所(54)といわれているが、そのような場所の芸妓を囲い者にすることは彼の矜持になったと思われる。どんな客にもなびかなかった柳橋の芸妓をものにすることによって、「金の力」以上のものをもっていることを周囲に知らしめ、明治になって成り上がったという事実をも否定しようとしたのではないだろうか。

次に余五郎は、自分と同等の経済力をもつ男が所有する女を自分のものにした。相手が経済利用していた小間使いを引き取り、その小間使いに金を注ぎ込んでいくというやり方は、相手に自分の資力を見せつける行為として受け止めることができる。ちなみに、その女を所有していた雪村という男は長野の「山男の子息」(55)で鳶が鷹を産んだ才物といわれ、明治になって一旗揚げた大商人だが、これは実業家の大倉喜八郎を想像させるという指摘がある(56)。

さらに、最後に囲った妾は成功する以前の余五郎を知る女性であり、そのような余五郎を卑しいと考える女性だった。自分の過去を知り軽蔑する女性を囲い者にすることによって、極貧の暮らしをしていた過去を否定し、その過去に対する始末をつけようとしたと考えられる。これは、貧乏だった過去の自分さえも「金」で買い取ってしまう行為として解釈できるだろう。

このように、森鷗外や尾崎紅葉によって描かれた末造と余五郎の妾囲いの様子を探れば、それを単なる金持ちの女道楽として片づけることはできない。彼らの妾囲いは、出世する以前の自分の貧しい過去を恥じる気持ちを埋めるためであり、世間に対して成功者であることを確認する行為になっていることがわかる。そして、自らの後継者を確保するために子どもを産むことは妾に求めていなかった。

また彼らの妾囲いの当て付けの矛先は、自らの妻にも向かっていた。妻はうだつが上がらない夫についての記憶をもつ者であり、否応なく彼らの過去を映し出す鏡になってしまう。一方、その記憶をもたない妾は彼らには心地いい。自分の過去についての記憶をもたず、男が稼いだ金で豪奢な暮らしを送る妾には、「成り上がり者」の心の空隙を埋める効果があったのである。

以上のように、妾は成り上がり者が近代の成功者として、近代的主体として立ち上がるためにそれを補完する存在として描かれたが、一方で、妾囲いは男の身を滅ぼす危険性がある道楽として警鐘が鳴らされていたことも最後に指摘しておく。千葉天舞の『妻と妾――家庭小説』（大学館、一九〇七年）や村井弦斎の『女道楽』（博文館、一九〇三年）は、妾に入れ上げた男の人生の悲惨な末路を描いている。

『妻と妾』は、夫が妾と企んで妻を家から追い出すが、その後、夫はその妾に欺かれて財産を奪われてしまうという物語である。物語に登場する夫は生野章といい、ある省の課長になって部下を従え、妻の増子と所帯を構えていた。しかし鉱山を当てたことで羽振りがよくなり、これをきっかけに彼の芸者遊びが始まる。芸妓の咲松を落籍し、妾として芝の愛宕町に囲うようになる。しかし咲松にはすでに情人がいて、その情人と咲松は結託して生野の財産を奪い、二人は姿を消してしまう。財産を奪われた生野は、東京の生活を追われ北海道へと流れていく。

『女道楽』も同様に、妾道楽で身を滅ぼす男の物語である。本宅とは別に妾宅を構えていた横道曲は、二つの家計を養うことに行き詰まり、妾宅を引き揚げて女性たちに妻妾同居の暮らしを強いた。また、議員でありながら事業に手を出した横道は、その関係から警察に拘引される事件を起こしてしまう。そのため、主人に愛想をつかした妾のお新は妻に暇を告げて家から出ていった。その後、刑務所から出所した横道はしばらくの間妻とともに暮らしたが、金山という金持ちの知人から仕事を与えられ、少しずつ羽振りがよくなっていく。そして金山のもとに、お新が後妻として嫁にやってきた。金山の妻になったお新とよりを戻した横道は、お新に金山の財産を奪わせて一緒に行方をくらますのである。社会的身分を確立しながらも、妾に迷ったことで家族を捨て、知人に不義理をはたらき、金を奪って逃げ去っていく横道曲の顚末が『女道楽』には描かれている。

妾囲いは、金を稼いだ男にこそできる道楽であり、近代の成功者としての意味をもたらすものだが、一歩間違えば男たちはその華々しい生活と食い扶持を失い、社会から追放される。妾囲いをほどほどにして、公私二つの領域をうまく切り盛りすることが近代の成功者として生き残る条件だと示されていたのである。

妾宅か妻妾同居か

立身出世を果たした成功者たちにとって、妾を囲っておく妾宅は、彼らの成功の象徴として重要だった。先の『女道楽』の横道が構えた築地の妾宅には、妾とその子ども以外に、乳母、下女、小女（年若い女中）がいるほか、猫と犬が飼われている。本宅の家賃が十八円であるのに対して、妾宅には二十五円の家賃を支払っていた。

「三人妻」の主人公・葛城余五郎は最初の妾を囲う際、向島に立派な普請の妾宅を建てた。座敷にはビロード氈（ベルベットの敷物）を敷き詰め、床の軸、飾り棚、置物、屛風にも贅を尽くしている。これは妾が願ったからではない。余五郎が自分の意のままに取りそろえたのである。庭に転がっている石が何十円もする贅沢品だというが、それを余五郎が妾に自慢しても、その価値が妾には理解できない。

「雁」の末造もまた、妾宅をもつことに道楽の喜びを見いだしている。お玉が末造の妾になるとまだ返事もしないうちに、自宅がある池之端近くに家を借りて妾宅にしようと思いをめぐらせていた。夜、床の上に寝転んで、いびきをかきながら眠っている妻をよそに、どの家にお玉を囲おうかという考えに耽っている。

このように、男たちにとって妾宅を構えることは経済力の証しであり、ときには本宅よりも贅を尽くすものとして文学作品に描かれた。それによって彼らの金の力を誇示したのである。つまり妾は、贅を尽くした邸宅や宝飾品を所有するのと同じレベルで欲望されるものだった。

とはいえ、妾宅は堂々と構えるものではなかった。末造が無縁坂に妾宅を構えることにしたのも、そこがたまに学生が通るくらいで人通りが少ない場所だったからである。末造は、「うつかり窓であけてゐて、子供を連れて仲町へ出掛けるかかあにでも見られようものなら面倒だ[57]」と妾宅を構える際の気がかりを語っている。また、華族のような暮らしを送っている大商人の葛城余五郎であっても、にぎやかなところは「我通ふに都合よからず[58]」と、向島（隅田川を挟んで向こう岸にあたる向島は江戸時代には風光明媚な郊外だった）を妾宅の場所に選んでいる。

他方、妾を囲っても妾宅は構えず、妻がいる本宅にともに同居させる場合もあった。妾宅を構えるが豪奢な妾囲いがあだになって経済的に逼迫し、妻の協力が得られず家政が荒れ、社会的非難を浴び、ついには身を滅ぼしていく。妻妾同居は、このような衰退の轍を踏まないための男たちの防衛方法でもあった。

円地文子「女坂」（「小説山脈」第二集、東方社、一九四九年、「小説新潮」一九五二年十一月号、一九

五三年二月号、十一月号、一九五四年四月号、一九五五年七月号、一九五六年十月号、新潮社、「別冊小説新潮」一月刊、新潮社、一九五七年）は、次々に妻妾同居を強いていく明治の成功者の妾囲いの様子を描いている。この作品は戦後に書かれたものだが、一八八〇年代中頃から大正初期にかかる時期が舞台に設定されている。「女坂」の主人公の倫《とも》は、円地の母方の祖母がモデルであり、祖母が円地の母に語っていた話を母から聞き、それをもとにこの作品を書いたとされる。(59)森岡清美の研究(60)でも分析に用いられていることから、明治期の妾の生活実態を捉えるには有効な資料と判断する。そのうえ、この作品はフェミニズム文学批評で注目されてきた作品であり、一夫一婦のあり方を再考するうえでは見逃せない作品と考えて取り上げる。

熊本藩士の家に生まれた白川行友は、刑吏から福島県の大書記官、警視庁の一等警視へと出世した明治の官僚エリートである。以前から女出入りが多かった行友は、大書記官になったときに妾の一人や二人をもったほうがいいという上司の意見もあり、妻の倫の協力を得て、竹の皮を売って生計を立てていた家の娘である須賀を妾として家に囲うことにした。それ以前の行友は、家の女中に手を出していた。さらに警視庁に転勤して東京に居を構えた際には、そこに行儀見習いとして小間使いに雇われた由美にも手を付けて妾にした。妻妾同居の暮らしを女性たちに強いて家父長として君臨する近代男性の振る舞いが「女坂」には描かれている。

本宅の外に妾を囲った場合、彼らは本宅と妾宅の間を行ったり来たりしているが、これは、本宅も妾宅も彼らの所有する内にある。この二つは空間的には離れるが、妾宅も本宅と同様に男性の資力によって養われる領域の内にあり、女性たちは地続きの関係に置かれた。そのため彼らは、本宅にいる妻に妾を囲うことを承知させ、妾には妻の機嫌を取るよう強いていた。なかには『雁』の末造の妻のように、夫の妾囲いに強く反発する場合もあったが、妻が「いやだ」という感情をあらわにしても、夫は妻を次第に懐柔していって、妾を囲う夫に慣れ合う一夫一婦の姿が描かれる。本宅であっても妾宅であっても、男性は妾を囲ってから妻をなだめて取り込むことで、家政の運営に支障をきたさずに近代の成功者としての位置づけを確かなものにしていったのである。

近代男性の妻のあり方

ここからは妾との関係性のなかで描かれた妻についてみていくことにする。森鷗外の『雁』について論じた佐伯順子は、物語に描かれた妻と妾について、妻を「ケの女」、妾を「ハレの女」とし、妾には非日常的魅力が与えられる一方で、妻は妾とは対照的に醜く描かれ、夫の日常的倦怠感が向けられる存在であることを指摘している。[61]

確かに妻と妾の描かれ方は対照的である。夫にとって妾の所作は心地よく、外貌・性的魅力に優れ、女遊びをする男性の心を満足させる主体として描かれている。一方、妻の場合、若い時代の魅力は消え失せ、子どもを産んだ女房の乳房はもはや子どもに食料を供給する貯蔵タンクに成り下がってしまう。『雁』のお常が洋傘を差した姿について、「ずんぐりむつくりしたお常が持つて見ると、極端に言へば、物干竿の尖へおむつを引つ掛けて持つたやうである」[62]とまでいわれる描写からは、ミソジニー的視線さえ感じる。女性性の崩れたおぞましさがシュールに語られるのである。

このように妻の性が厳しくこき下ろされるのは、成功する以前、うだつが上がらなかった夫のことを記憶している妻への復讐ともいえるだろう。性的魅力がある女性はときには魔性を与えられ貞女の対岸に配置されるが、思春期を迎えた婚姻前の女性には外貌・性的魅力が優れていることが重要であり、そのような女性はジェンダーの価値軸からして有用な存在と見なされる。一方、男性の場合は、女性とは異なり経済力があることが求められる。うだつが上がらなかった夫たちは、このジェンダー規範に照らすと落第者だったのであり、たとえ成功しても「乞食の昔」を思い出させ、その所業にいちいち口出しして邪魔立てするような妻の存在は煙たいものと作者たちには考えられた。だからこそ、妻の性的魅力は夫にとって価値がないものとしてこき下ろされるのである。「うだつが上がらなかった夫」「性的魅力の衰えた妻」としてお互いを牽制しあう夫婦の像は、その意味で釣り合いが取れた一夫一婦がテクストのなかに成立しているようで面白い。

だが、性的魅力を失ったことが妻の存在の全否定になるのではない。性的魅力が抜かれた一方で、彼らの妻は妻規範の内面化が強く、夫を支える妻の苦労はテクストのなかで評価されている。「三人妻」の麻子は、夫に「此老女は最早心まで萎びて、若き時とは別格の相違なり」(63)と言われても、「悟りすまして浮きたる事を慎み、無法の華美を好まず、人に昔を知られぬやうに、夫の名を濆さぬやうにと殊勝の志」(64)をもっている。麻子は、女性は世帯をもってからは家内を治めるために外見は悪くても用に立ち、健康であることがまずは何よりの条件であると夫に滔々と語る。「痩乾びたる容貌の中に、剛としたる処と凄まじき気色」(65)という語りからは、妻規範を内面化した妻の存在に一目置く、置かなければならないという社会意識の反映をみることができる。

また「女坂」の倫は、夫から直々に自分の妾になる女性を見つけてくるようにと請われた。このとき夫に複雑な感情をもちながらも、「お前の選択に委せる」[66]と言った夫の言葉に、自分の立場を重くみていること、信頼が含まれていることを意識し、首尾よく妾探しをする妻の姿が描かれた。

熊本の下級武士の家に生まれ、早い結婚をして「既成の道徳以外に頼る楯」[67]がなかったという士族の娘の倫が妻規範に従順になるのは意外ではないが、矢場女として「蜘蛛のお重」という名までとどろかせた麻子でさえも、妻になったあとは派手な振る舞いは封印し、夫の成功を無にしないために暮らしのあれこれに目配りする賢夫人へと変貌を遂げていることが興味深い。婚姻前の社会的属性に関係なく、士族の娘であれ、矢場女であれ、妻たちは妾をもつ夫を献身的に支えた。妻の規範に従順な彼女たちは夫に捨てられるどころか一目置かれ、そこに妻としての主体性を立ち上げようとするのである。一連のテクストのなかでこうした妻のモデルが確立していることに注目したい。だが、これはおそらく、「女坂」のなかで次のように語られているように、前近代の社会秩序の変容期に妻の立場が不安定だったことの裏返しだとも考えられる。

冷静に考えると今の世間では田舎出の古女房を破れ草鞋のように郷国へかえして、舞妓や芸者出の美しい女を堂々と妻にしている貴顕紳士が多いのである。[68]

明治維新後、古い妻が捨てられるという話は、水戸藩士の娘だった母親の経験を聞いた山川菊栄の『おんな二代の記』でも「維新をはさんですてられた古い妻、ひろわれた新しい妻」[69]がいたことが語られている。お常、麻子、倫はいずれも、妾をもつことを強要するような夫の専横に耐え、妻として家内のことを治める役割を十分に担い、近代の一夫一婦を遂行したが、彼女たちの行為の背景には、夫に捨てられた古い妻たちの不運が充満していたのだろう。夫に見捨てられた妻の屍が累々と横たわるなか、夫の妾囲いに忍従しその信頼を得た女性が捨てられなかった妻として生き残り、近代男性の妻に求められた規範を遂行していくさまが文学作品のなかに描かれているのである。

しかしながら妻規範の内面化は、妻が夫の手先になることも意味している。夫の妾になる女性を見つけてくるように申し付けられた倫は、嫉妬と屈辱的な思いを味わいながらも、結局は妾を選び出して夫に差し出すという行為をやり遂げる。自分がその役目を断れば、夫は勝手に自分で選んだ女を引き入れることが倫にはわかっていた。結果が同じであれば断ることもできたのではないかとも思うが、倫が断らなかったのは夫から寄せられた信頼と、一目を置かれた妻の立場を失うことを恐れたためだろう。その後、行友はさらにもう一人の妾を囲い、息子の妻とも性的関係をもつほどの淫行を繰り広げることになる。

そして、二人の妾のうち一人が役目を解かれたとき、倫はその妾と自分の甥との結婚を勧めて決めてしまう。それは妾が誰かと結婚して嫁いだ際に、相手の家に行友と嫁の関係が漏れてしまわないかと心配したためである。「自分の家と切り離せない関係のあるところ[70]」へやれば家の体面が保てると考えたのだった。夫の家のために、夫の手先になってその始末をつける妻の様子が描かれている。こうして家内のことを取り仕切る妻は「行友の性の対象でなくても最も信頼の出来る支配人の位置を握っている[71]」と語られるのである。

妻が夫によって家の支配人の立場に置かれるとしたら、妾は妻によってその使用人(小間使い)

の立場に置かれることになる。「維新前の家の掟では、妻妾の別は越えがたい階級をなしていた[72]」と言われるが、妻と差別化されながら法制度化された「妾」の記載が削除され、また先に示したように古い妻が捨てられるという社会情勢のなかで、妻と妾の区別——妻の立場が上で、妾の立場が下になるという妻妾関係は変えられないということ——を慣習的に示していかなければならない事態が妻たちに切実な問題として迫った。

村井弦斎の『女道楽』では、横道がこれまで妾宅に囲っていた妾を本宅に引き入れようとしたとき、妻には妾を妹だと思って世話をしてくれと説得した。このとき妻は「妾は矢っ張り奉公人、表向きは召使を置いた積りにして私の心だけで妹の様に目をかけて遣りませう[73]」と夫の意向を受け入れた。しかし、妾が横道の家に移ってきた最初の日に、妻は妾に横道の家にいる下女と同じ仕事をするように命じ、横道を「旦那様」、自分の息子を「坊様」「若様」と呼ぶように求めた。また妾が連れてきた乳母が、妾を「御新造さん」と呼ぶことを禁止し、「お新さん」と呼ぶように強いている。身なりも絹物の服ではなく木綿の服を着て、丸髷をほどくように命じ、妾に家の奉公人であることを理解させようとしていた。

この妾の呼称については、「女坂」でも問題になっている。白川家の書生の紺野が須賀を「奥さん」と呼んだことに対して「須賀のことを奥さんというのは止めて下さい。このうちで奥さんは私一人なのですから……言葉が乱れると、うちの取締りがつきませんからね……[74]」ととがめることがあった。

妾宅にいる妾の場合であっても、本宅からみた妾の位置づけは基本的に使用人である。妾は妾宅では女中を従える女主人ではあるが、本宅の妻には遠慮する存在である。「三人妻」には、余五郎が囲った三人の妾の顔合わせをするために妻が企てた園遊会が催され、これをきっかけに妾が本宅の妻のご機嫌伺いに通うことになったことを描いている。園遊会の夜、妾たちと花かるたをして遊びに興じる夫婦は悦に入り、かるたに負けた妾のうちの一人は妻の麻子から裸踊りをするように命じられている。また、園遊会の帰り道、馬車のなかで三人の妾について品評する泰然とした妻の様子は、妾を手下のものとして認識するからこそ生まれる余裕の態度であり、妾を統率する意識があることがわかる。家の支配人としての妻は、妾を格下のものとして境界線を引くことに抜け目がなく、妾は妻によって使用人の立場にあること、その矩を踰えない（規範から外れない）ことが叩き込まれる。

このように近代男性の妻は、夫には妾とは対照的に性的魅力が喪失した女性性を与えられながらも、家内のことを夫の意向に沿って取り仕切る支配人として理解された。また、夫の妾囲いの片棒を担ぐことを強いられ、妾との間の調整をおこなうものとしても描かれた。現代の視点で見ればそのような夫のあり方は妻の自我を否定するものであり、女性に対する抑圧として批判されるべき事態であることはいうまでもない。

妾を必要とする一夫二「婦」

しかしながら、夫の専横に耐えて能面のように感情を押し殺して一家の支配人に徹することで自分の居場所を築き上げた妻が、その役割に執心するあまりに妾を引きずり込み妾の生を簒奪していく狂気が、妻の内面の問題を扱う女性作家によって描かれていることを最後に指摘したい。それが円地文子の「女坂」の倫である。

行友が囲った妾は須賀と由美の二人だったが、由美の縁組が決まり須賀が残されることになった。主人の関心が妾から息子の妻である美夜へと移っていったこともあり、残った須賀も縁組させようと行友から提案された倫は、須賀が子どもを産めない体であることを理由に即座に夫の提案を否定したのである。須賀は家の書生と仲がよくなっていてその関係を主人も認めるところだったが、須賀は体が弱いうえにその書生は軽薄な性格で、そのような男性に嫁げば須賀の行く末は不幸になると案じた倫の配慮があったからだと物語では語られる。しかし、家内に関わる情事を次々に始末してきた倫の決断としては、須賀の縁組については奇妙に消極的な態度である。先に嫁いだ妾の場合には、家の恥を露呈させないため自分の甥と結婚させている。また、孫息子が家の女中に手を出して妊娠させた際には、その女中を甥の家に引き取って出産させ、生まれた子は養子に出すところまで取り決めて問題の根を首尾よく断った。さらに、異母兄弟ではあるが孫同士での恋が燃え上がりそうになったときは、孫娘のほうを早く縁づかせ、跡取りの孫息子と不埒な関係にならないように手際よく処理している。ここまで始末をつけられる倫の描写のなかで、須賀の縁談だけは否定し、家の外に出そうとしないのは異様である。子が産めないというのであれば、養子を取ることを考えてやればいいだろう。書生が軽薄だというのであれば、別の相手を見つけてくるくらいのことは造作ないものとして作者は描けたのではないか。

なぜ倫は須賀を手放すことをしなかったのか。「困りますよ。お父さまはよくても私が困るわ。

今更新しい女なんかうちへは入れられないし……」(75)と美夜には語っているが、それは、妾が妻の内面の語りを代わりに引き受けるという、倫が発狂せずに平静を取り繕うための装置として須賀が作者に利用されたためではないだろうか。行友が息子の妻にまで手を出したとき、いちばん心の動揺をみせたのは須賀だった。立派な正妻としての立場がある身で不埒な関係を築く美夜に対する須賀の嫌悪感というものが物語のなかでたびたび挿入されている。一方の倫は家の体面が崩れることを心配する気持ちは吐露しても、須賀のように感情を募らせることはなかった。

美夜と由美が妊娠したとき、それぞれの子どもがもし主人の子だったらと考えた須賀が、「孕み女の腹を裂いて笑う毒婦のような思いきり冷たい思いきり美しい笑い」(76)を空想するということが一度あった。この須賀の感情は、ほかに漏らしていた数々の不満の言葉と違い、妙に生々しい。物語のなかで「一生、飼殺しの奉公人なのね」(77)と涙に暮れる須賀の描き方からすると違和感を覚えるところである。「女坂」は最後に倫が臨終の床で、自分が死んだあとは自分の死体を「ざんぶり」(78)と海に投げ捨てるよう夫に宣告し、妻がカタルシスを得て夫の自我を崩壊させた作品としてフェミニズムではよく読まれている――だからこの作品はフェミニズムでは人気が高い――。この孕み女の腹を裂きたいという須賀の感情は、能面の奥底に沈めていた自我を一気に噴出させた倫の最期の言葉に似て残酷で、まるで倫が憑依してその言葉を吐いているかのように感じられる。つまり、妾に内面を語らせることで、妻は最後まで自分の感情をあらわにせずにすみ、夫の専横に打ち勝つ自我をじっくりとその能面の下で生成できたということではないだろうか。

倫の介入によって書生との縁談が立ち消えた須賀が病気で寝付いたとき、便所まで連れていった倫の着物の裾に須賀の真っ赤な血が滴っていた。このとき倫は「あさましい汚い感じ」を覚え、また同時に「言いようのないあわれさ[79]」を感じているが、これは自分の世界に須賀という犠牲を引きずり込んだことの因果が示されたものとして理解すべきだろう。

須賀は倫が最初に自分で見つけてきた妾だった。初潮を迎える前に連れてきて、行友の手が付いたために子どもが産めない体になったと倫は理解していた。自分が原因を作ったことに責任を感じ、子どもが産めない妾の不幸を案じるという理由で須賀の結婚は認められないと倫は考えていたが、それは妾の生と性の簒奪を正当化しつづける偽善者の考えだといえるだろう。妾にはめられた足枷の鍵は妻の手に握られているのである。たとえそれが夫の家のなかで生き延びるための生存戦略だったとしても、夫の専横に勝つための命をかけた闘いであっても、その妻の正義のもとに別の人間の生と性を簒奪するという暴力的な構造が成り立ってしまうことを指摘しないわけにはいかない。

実は「女坂」は、先にも言及したように戦後の作品ではあるが、女性が受けた抑圧の記憶とトラウマが祖母、母、娘へと女性三代を経過して受け継がれて書かれていき、いわゆる「記憶の文学[80]」としての機能を果たしている。トラウマという意識は世代を超えて継承される。戦後の憲法で男女平等が謳われ少しずつ妻たちが自信を取り戻していく時期に、当時は書けなかった明治時代の現実（スティグマ）が、表現者を通じてトラウマとして書かれた作品が「女坂」であると筆者は受け止めている。つまり、「女坂」には当時の妻と妾のあり方、人々の意識――家の女の意識――が濃縮して描出されていて、妾に対する家の女たちの意識が鮮明に浮上してくる。明治時代の妻のあり方を論じるのに、この作品を見逃すわけにはいかないのである。

妾の社会的属性

さて、ここまで妾を囲う側の近代男性とその妻についてみてきたが、ここからは妾のあり方について考察する。彼らに囲われた妾は具体的にどのような出自（出身）だったのだろうか。再び「万朝報」の記事に戻り、黒岩が報じた妾の社会的属性についてみていくことにしよう。

記事によると五百一人の男性に対して囲われた女性は六百八人いて、そのなかで芸妓出自の妾が最も多かった。芸妓に次いで多かったのは「何某の娘、妹、姉」など家族関係の属性で記載されたいわゆる「素人女性」である。その次は小間使いと続く。ただし、社会的属性について記載がない妾は百十二人を数えた。身元がわからない女性がいたためだろうが、なかには素人女性も含まれていると推測されるため、素人女性は芸妓と並ぶ数に迫っているだろうと考えられる。先にみた尾崎紅葉の「三人妻」に描かれた三人の妾は芸妓・小間使い・素人女性だった。黒岩の記事の範囲のことではあるが、その妾の属性上位三つに挙げられるものが象徴的に描かれていたことになるのだろう。芸妓出身の妾は、ほかに『女道楽』や『妻と妾』にも描かれていた。

それから小間使いは、小間使いとして奉公に出されたあと、その家の主人から性的関係を強

表2　「蓄妾の実例」で報道された「妾」の社会的属性（筆者作成）（単位：人）

女性の属性	人数
芸妓	211
娼妓	19
酌婦	9
女将	12
小間使い・女中	79
何某の娘、妹、姉など	100
妾	11
妻	7
養女、芸妓屋の娘	18
その他	30
記載なし	112
合計	608

要されたのちに妾になっている。彼女たちは結婚までの行儀見習いと認識してその家に奉公するが、娘の親は妾として奉公させることを前提に娘の身をすでに売っているということもあった。「女坂」の須賀、「八重桜」の八重は小間使いと承知して奉公に上がったが、主人の手が付いたあとは妾として囲われていた。妾は立ち行かなくなった親の経済事情を支える稼ぎ手でもあったのである。

また結婚に失敗した女性が、「身持ちが悪い」という理由で妾になることもあったと考えられる。「雁」のお玉や、正宗白鳥「微光」(「中央公論」第十号〔秋期大附録号〕、中央公論社、一九一〇年)のお国の場合がそのように描かれた。末造の「妾」になる前、お玉は結婚生活を送っていたが、夫にすでに妻がいることがわかって離縁していた。また、お国の場合は恋人を作って家を飛び出したものの、男性のほうは堅気に所帯をもつようなつもりはなく、二人の間に生まれた子どもも人手に渡してしまうなど、お国に対して非情な仕打ちをした。そのためお国は男性と別れたが、一度ついた離婚歴がお国を自暴自棄にさせ、いまさら結婚できるわけがないという意識がはたらき、人の妾になっていく事情が描かれている。

芸妓と娼妓の境界線

黒岩の記事では芸妓が最も多かったことを確認したが、娼妓にも注目してみた場合、この両者に大きな差があることがわかる。芸妓が全体の三五%に及ぶのに対し、娼妓はわずか〇・〇三%だった。一般的に芸妓と娼妓は男性を接待する女性という意味で「芸娼妓」として一つの分類項目にまとめられやすいが、妾になる出自としては、芸妓と娼妓の間には明確な違いがあると考えていいのではないだろうか。しばしば遊郭を舞台にした物語では、年季が明けた花魁が資力がある男性の妻や妾になって娑婆の世界に戻っていくことがひとつのサクセスストーリーとして語られる[81]ことがあるが、記事が報道された一八九八年ごろの時期に、娼妓から妾になるというシフトチェンジは起こりにくいことだったのではないかと考える。

ここで、近代天皇の一夫一婦像の構築過程を論じた若桑みどりの研究で、興味深い指摘がなされていることを紹介する。一八九〇年に浮世絵師の楊洲周延が描いた錦絵『現世佳人集』を取り上げているのだが、これは当時の女性風俗を描いたものであり、ここには「芸者」「紳士令女」「学校生徒」「貴顕令嬢」「貴顕夫人」「女官」「教師」「権妻」という身分の女性たちが登場している。若桑は、これらの女性のうち画面中央の「女官」の顔が皇后に似ていることを指摘し、この皇后に似た女官を中心として画面の高低差や和装・洋装の差によってそのほかの女性たちの配置が決定され、当時の女性の「性的階級制度」が表現されていることを論じる。またこの女性たちのうち、女官に模した皇后を頂点として、画面の周縁に妾（権妻）と芸妓が配置されていて、若桑は、妾と芸者が「女世界の底辺」に置かれていることを指摘する。[82]そして、娼妓はこの女世界の領域のどこにも描かれていないのである。

花柳界に精通し、いうなれば「色好みの男」として「ここにいない女」を求めた永井荷風の『夢の女』（新声社、一九〇三年）という作品は、小間使いから妾になった女性が、主人が亡くなって暇を出されて経済的に困窮したため遊郭に身を売ったことを描いている。この女性は妾の時代に身の回りの世話をしてくれた老婢《ばあや》に対して、娼妓になった自分の境遇について次のように語っていた。

「老婢。耻しいものに成つ了つたんだよ。」とお浪は叫んだ儘、膝の上に置いた絹ハンケチで暫くは其の顔を蔽ひ隠した。(83)

この女性は妾として囲われた事情をよく知る老婢の前で、娼妓になったことを悔やみ恥じている。妾と芸妓はいずれも女世界の底辺に位置づけられているが、同じ底辺に位置づけられた妾からさえも卑しいと考えられている娼妓の立場がここで理解できる。娼妓は女世界の住人たちから排除され、別の領域へと押し出されている。

ちなみに『夢の女』の主人公の女性は、妾↓娼妓↓妾↓待合の女主人という転身を遂げている。娼妓から妾になるという数少ない例がここに描かれていることには注意して読まなければならない。『夢の女』という作品タイトルが示すように〈ここにいない女〉を求め、底辺世界の女性を救済しようとするこの物語では、娼妓から妾に囲われることがまれだったからこそ成立する世界観を表現していると考えることができるからである。

妾は、妻とは差別化されながら妻と同じ領域に属しその底辺に位置づけられる存在だと考えられる。一方、娼妓は妻や妾が属する領域から完全な外部に追いやられていて、彼女たちとの間には明確な境界線が引かれている。ここから、職業的属性などからは踏まえることができない、近代文化の女性の領域化の問題がみえてくるのではないだろうか。

妾の生産装置としての芸妓

芸妓が妾の生産装置になる事情についても言及しておきたい。芸妓とは「酒宴の間をとりもち、歌舞・音曲などによって酒興を添えるのを業とする女」（前掲『日本国語大辞典 第二版』）とされているが、明治・東京の待合には寝具が用意されていて、客が芸妓と酒席を楽しむだけでなく性的接触をおこなうことは織り込みずみだった。大正時代の作品ではあるが、永井荷風「腕くらべ」（「文明」第一巻第五号―第十三号、第十五号―第十七号、第十九号、籾山書店、一九一六―一七年）には、一晩に二人の男性と性交をした芸妓が「何ぼ商売とは云ひながら自分ながら思い出すと耻しくなつて帳場の燈火に人から顔見られるのが辛くてならない[84]」と嘆息する様子が描かれている。たとえ、芸妓の意にそぐわないことであっても客との性的接触は「商売」に含まれていて、その意味で「娼妓」との差はない。

そのような芸妓が妾を輩出する属性として最も多くなったのは、旦那という花柳界の慣習的な制度があったためと思われる。旦那とは芸妓のパトロンのことであり、芸妓を身請けして自前にするか、芸妓業を廃業させて完全な囲い者にするか、新たに待合の女将をやらせるなどの経済的援助をしてその面倒をみることが「粋」と考えられていた。先の「腕くらべ」には、洋行帰りの保険会社で出世した男性が、芸妓の旦那になった理由を「性慾からでも恋愛からでもなく、所謂当世紳士の功名心[85]」からだったと語っている。伊藤博文、陸奥宗光、山県有朋、桂太郎など明治維新で活躍した名だたる元勲たちが芸妓を妻や妾にしたという事情も、後続の男性たちに芸妓は近代男性の成功の印だと考えさせたのだろう。芸妓の旦那になることは、近代男性の自尊心を高めた。

実は芸妓の場合、旦那をもったあと、いつからを妾として認識すればいいのか、捉え方が悩ましい。旦那がついても芸妓を続けるというグレーゾーン、完全な囲い者になる前の芸妓が散見されるからである。しかし、先に提示した「万朝報」では、そうしたケースと考えられる女性も「蓄妾の実例」として報道していた。したがって本書では、その女性が自らの手段で経済活動を維持できる場合であっても、旦那が正妻以外に、男女関係の結び付きのもとに援助しているのであれば、妾の意味が含意されたものとして捉えることにする。

ちなみに、旦那が芸妓を身請けするには手順があった。昭和の例になるが、田中角栄を旦那にもった芸妓の辻和子の回想によれば、神楽坂の花柳界では料亭の女将が仲介するというのが暗黙のルールだったという。そして戦前まで、経済的な援助を受ける旦那をもった暁には、総揚げでお披露目をすることがよくあったそうである。このお披露目に旦那は出席しないが、仲介者になった料亭の女将が付き添った。辻和子と田中角栄のときもこの儀式がおこなわれ(一九四七年の夏)、八人の芸妓が出席して二人の仲の証人になったという。[86] 妾は正式な妻ではなく、公的な書類に書き込まれる存在ではないが、花柳界独自のやり方で一般の結婚式の代替措置が講じられ、儀式を通過することで二人の関係を既成事実化させている。妾になっても女性に損がないように、一定の立場を与えるという花柳界の暗黙のルールと結束が醸成されていることがうかがえて興味深い。こうした花柳界の性質というものが、芸妓を妾として安定的に供給することを可能にしたのではないだろうか。

近代女性と自由結婚の対極にあるもの

次に三宅花圃の「八重桜」（「都の花」第八巻第三十六号―第三十九号、金港堂、一八九〇年）を取り上げたい。この作品は近代最初の女性によるオリジナル小説といわれる三宅の『藪の鶯』（金港堂、一八八八年）の発表から二年後に書かれ、妾になった女性を主人公として、その人生の浮き沈みの模様を描くものである。

「八重桜」のあらすじはこうである。高級官吏だった父親がリウマチが原因で失職し、主人公の八重は父親の元同僚である松本の家に奉公に出されることになった。その家の主人が八重に気があるそぶりをみせたことから妻に警戒され、そこから華族の竹園家に妾奉公に出される。竹園の家には病弱な妻がいたが、竹園は八重を寵愛する。やがて男の子を出産するが、八重の手で育てることは許されなかった。また、竹園の妻は亡くなるも八重が妻になることはなく、竹園がいとこを妻に迎えたことで、八重は竹園家の別荘に移ることになった。ここで、松本の家にいたときに知り合った時任という男性から恋心を打ち明けられるが、主人に対して不貞はできないと時任の気持ちを断る。この沙汰をきっかけに八重は髪を切って神仏に仕える意を固め、竹園に暇を告げ――妾を廃業するということ――、両親を引き取って面倒をみることにした。物語は、自分が産んだ息子が竹園の家から宮家の跡継ぎになって生母である八重を迎えにくるところで終わり、人生の辛酸をなめた妾が最後にうれし涙を流すという結末を迎える。

この物語で特筆すべきことは、妾の生き方が、自由結婚を遂行する近代女性の対極に配置されていることである。八重が松本の家に奉公していたとき、その家には時子という令嬢がいた。時子は学問を身に付け品行が正しい時任との結婚が決まっていたが、「柔和男《やさおとこ》」の松浪という男性に心引かれ、親が決めた結婚を「圧制」といって批判し、松浪と一緒になる道を選んだ。このような時子の振る舞いを物語では「自由結婚」を志す女性として表現するが、時子の相談役になった八重は、世間から何を言われるかわからないといって自由結婚を諦めるように諭している。父親の没落を救済し、主人に忠義を尽くして不貞をはたらかず、華族の世継ぎを産んだ八重は家父長制の補完者としての役割を遂行している。また、息子が八重を迎えにくる場面で、その息子が乗った車を引いていたのが時子の夫になった松浪だったというエピソードが挿入されている。こうしたことから、「八重桜」が「明治の家族制度の教訓物語に退嬰していった(87)」物語としてフェミニズムから批評されたことは首肯できる。二人の性格描写を比べてみても、時子は結婚のために自己決定をする女性ではあるが、八重の奉公ぶりとの対比でわがままな令嬢というイメージが喚起され、また真面目で堅物の男性よりも今風の振る舞いをする男性の外面的な魅力に惑わされる女性として描かれ、性格的な弱さが強調された。一方、八重の場合は、妾を辞するときに髪を切り神仏に仕える決心を固めた意志が強い女性として描かれ、作者は明らかに妾の主人公に正義を与えようとしている。近代女性の時子に対して、前近代的価値観を内面化した八重に肩入れするような作者の視点は、女性の自己決定や主体性を重視するフェミニズムにとって確かに不満が残るだろう。

とはいえ、時子が「自由結婚」という発想ができたのは、彼女がそれだけのインテリジェンスに接近できたという事情を示していて、経済的に恵まれた近代女性の時子と、経済的に困窮し家族の生活を支えるために小間使いや妾になって奉公先を転々としなければならなかった底辺女性の八重を取り巻く社会構造の問題はやはり看過できない。そうした構造下にあっても、その状況を打開しようと妾をやめる決心が描かれたことは、これもまた女性の自己決定として注目できる。「雁」のお玉や「女坂」の須賀が、その自我をくじかれて一夫一婦の裏面に追いやられたことを考えれば、「八重桜」の八重は、「妾をやめる」という意志を最後に押し通すことができた妾だった。自我をくじかれなかった妾を描いたという意味で興味深い作品といえる。

さてもう一つ「八重桜」の作品で指摘しておきたいことは、自由結婚をする時子は愛人の原型になっていると考えられることである。愛人は恋愛概念の発展とともに使用されるようになった言葉であり、「八重桜」が書かれた一八九〇年の時点では、恋愛も愛人もまだ一般に流通する言葉ではなかった。これらの点については第2章で詳しく述べていくが、愛人の萌芽を時子の表象に確認できることをここで示しておく。そして「八重桜」で妾の八重と自由結婚をする時子が対照的に描かれたように、愛人の出発点は妾とは異なるものであることを踏まえておきたい。

夫妾関係

ここまで考察した文学作品では、妾は夫を恋い慕い、その関係を成立させるという存在ではなかった。妾たちはみな、夫に対しては奉公先の主人として接していた。そのうえで敬愛の情が生じることもあったが、彼女たちにまずあるのは使用人として主人に仕えるという意識であり、主従関係が優先された。

「雁」のお玉は、結婚に失敗した自分を心配する父親を安心させるために、末造の妾になった。囲われた当初は畏怖の念をもって末造を見ていたお玉だが、末造の仕事が世間に嫌われる高利貸であることを人から聞かされ、それ以後は末造に対してわだかまりの感情をもって接していくようになる。奉公先の主人として、末造の機嫌を損ねないようにすることがお玉の仕事だった。「女坂」の須賀は、白川の家にやってきた当初は敬意をもって行友に仕えていた。行友が須賀をかわいがるようになったことで、次第に須賀は甘えのような感情を抱くが、それは恋い慕うという類いのものではなかった。明治期の夫と妾の関係は主従関係であり、愛情の関係は成立しにくいことが近代文学のなかには描かれていた。

こうしたなかで、樋口一葉の「軒もる月」(「毎日新聞」一八九五年四月三日、四月五日付)は、奉公先の主人から受けた寵愛が忘れられず、職工の夫と結婚したあとでも、夫が留守の晩にその思いに耽るという袖の様子を描いている。妻になった袖は奉公先の主人に思いを馳せながらも、嫁ぎ先に送られてくる主人の手紙を開けられずにいた。しかし子どもが寝静まり、夫が仕事で帰ってこない月の夜に思いが募り、とうとう手紙の封を切ってしまう。するとそこには、「思ふ、恋ふ、忘れがたし」(88)という主人の言葉があり、それを読んだ袖は「此胸の騒がんものか、動くは逢見たき慾よりなり、騒ぐは下に恋しければなり」(89)という感情を抱くのである。この時期はまだ「恋愛」という概念が一般的に使用されていないので、この袖の気持ちをここでは仮に「恋」の感情と捉えておくことにしよう。主人に対する情愛が滲み出ていることがわかる。しかしこのあと袖は意味を含んだ「高笑い」とともに手紙を散り散りにして炭火のなかへ投げ入れてしまう。こうして袖が主人への別れの決心を固めたところで物語は終わる。

この袖を厳密に捉えれば、完全な囲い者としての妾になる直前だった女性ということになるかもしれないが、「軒もる月」の、ほかの妾を描いた小説と比べて特筆すべきことは、主人に対する情愛が募って妾になりたいと思う女性の欲望を描いていることにある。作者は妾になる方向に女性の内面、自我の欲求を駆り立てて、それとは対照的に「天女が羽衣を失ひたる心地」(90)で職工の妻になった自分に満たされないものを感じる女性を描いた。しかし結局、袖は「正当の人の目」から「汚らわしい」「浅ましい」と蔑まれ、「邪道」と考えられる(91)妾の道を諦め、正しい妻の規範に従って生きることを選択する。最後の彼女の高笑いは、自己の内的欲求を捨てて妻たる規範に回収されてしまうことに対する狂気を表現したものと考えていいだろう。つまり、この作品だけはほかの文学作品と異なり、主人に対する情愛を根拠として本人自らが妾の立場を望むという、一夫一婦を称揚する近代女性のジェンダー規範を裏切る可能性を提示する内容になっているのである。

ちなみに、この樋口一葉の「軒もる月」は、全集でもわずか六ページほどの短さであり、彼女の作品のなかでも論じられることが少ない作品とフェミニズム批評で指摘されている(92)が、それにはこの作品の一夫一婦規範を攪乱させる特性のため、文学研究のなかで取り上げにくいという事情もあったのではないだろうか。いずれにしても考察した作品のなかで「軒もる月」が唯一、妾が主人に対する恋心を抱く可能性を提示した作品だったことを最後に指摘しておきたい。

おわりに――妾というもの

明治期の日本は、その当初は妾を法制度に組み込んだがのちに廃止し、一夫一婦の原則を打ち立てることにした。しかしながら、妾が存在することで成立するものだった「庶子」の概念は法のなかにとどめるという制度的矛盾を抱えながら、その裏面で法制度からは外され、ないことにされた妾が存続する様子を本章では捉えた。本音と建前を巧妙に使い分ける制度的措置の流れを確認することになったと思う。

そして、法制度からは外されたものの存在はしている妾について、新聞記事、華族の妾に関する先行研究、文学作品から論じ、明治期の妾の文化を捉えた。

まず妾の出自について、「万朝報」という新聞の限定的な記事からではあるが、芸妓が最も多く、次いで素人女性、小間使いが多かったことを確認した。一方、娼妓から妾に転じる例は少なく、芸妓と娼妓の間に境界線が引かれていることを指摘した。そして文学では、妾の立場はあくまでその家の使用人であり、妻妾同居だろうと妾宅に囲われようと妻の立場とは厳密に差別化されていて、妾は妻が住む女性領域の底辺に位置づけられたことが見て取れた。また、親の没落などやむをえない事情で奉公に出る不幸な女性としての妾像を見つけたが、三宅花圃と樋口一葉の作品からは、妾の境遇を脱出するために自己決定をする妾、夫に恋心を抱く妾が描かれたことも確認した。自我をくじかれ、夫との関係は使用人と主人という主従関係によるものという妾の表象がほとんどだったなか、例外的に妾の主体性を汲み上げる作品が描かれたことには注意を払いたい。また第2章で詳しく論じる愛人について、その原型と考えられる表象が、妾とは対照的に近代教育を受けた女性像に確認できることも指摘した。

妾は、経済的に成功した近代男性によって、贅を尽くした邸宅や宝飾品と同じようなレベルで必要なモノとして求められるものだった。また妾には成り上がり者の心の空隙を埋める役割が求められていて、近代男性の成功を認める他者として機能していたことを文学作品から確認した。一方で、西欧を視野に入れた近代エリートの欲望の対象にはならない事情も捉え、森有礼の実際の議論では、国家の体面のために妾を否定する考え方が立ち上がったことを確認した。それから、皇室や華族の妾囲いの様子もみてきたが、皇室や華族の妻は虚弱体質であることが多く、その妻に代わって妾が子どもを産むことを期待された事情についても指摘した。

加えて、妾は妻にとっても必要な存在だったことを文学作品から確認した。妻が属する家というのは、夫が家父長として君臨する場所であり、妻は夫の家の支配人になることが求められる。明治民法下での妻の権利は弱く、夫と非対称の関係に置かれる理不尽なものだったが、そうしたなかにあっても妻には夫の妾の始末や、その世話をする裁量は与えられていた。また妾は使用人であり妻の格下として扱われたため、妻妾同居がなされたとしても、その妻が夫の妾囲いに忍従することができれば、その秩序を維持することは可能だった。使用人としての妾の存在は、使用人を統率する一家の主婦としての体裁を妻に与えることを文学作品から捕捉した。ときに妻は、自己の自我が夫に壊滅させられないよう妾の生と性を利用し、妾が夫の家から出ていかないよう足枷をはめることもした。

すなわち妾は、近代社会の一員としてその成功を確信したい成り上がり者の夫の欲望と、自身の地位を確固たるものにして夫に対峙しようとする妻の欲望が一致したことによって、この二者から必要とされた存在としてまとめることができるだろう。しかし彼らによる妾の利用は、あくまでも法制度の範囲外のことであり、一夫一婦制度が立ち上がった法的言説空間にはないことである。この存在しないようで存在している妾が、近代の一夫一婦を支えていたのである。

注

(1) 親族関係を示す法的概念として現在では「親等」を使用するが、明治民法施行(一八九八年)以前は、家族内の序列関係を示す概念として「等親」が使用されていた。

(2) 前掲『近代天皇制国家とジェンダー』六二―六三ページ

(3) 前掲『日本近代婚姻法史論』一一五ページ

(4) 前掲『近代天皇制国家とジェンダー』九〇ページから再引用。

(5) 「父の子」として認められるとしたが、その子が「庶子」なのか「私生子」なのかについての言及がなかったため、追って一八七五年十二月十七日に太政官は、男子が認知して所定の手続きをとれば「庶子」になることを示した。前掲『近代天皇制国家とジェンダー』九〇ページ

(6) 前掲『明治初年に於ける家族制度改革の一研究』一六ページ

(7) 前掲「妻妾論」五九九ページ
(8) 同論文五九九ページ
(9) 前掲『近代天皇制国家とジェンダー』九一ページ
(10) 同書九一ページ
(11) 前掲『日本近代婚姻法史論』一一二ページ
(12) 同書一一二ページから再引用。
(13) 同書一一三ページから再引用。
(14) 同書一一三ページ
(15) 前掲「妻妾論」五九九ページ
(16) 前掲『近代天皇制国家とジェンダー』一七四―一七五ページ
(17) 前掲「明治啓蒙期の妾論議と廃妾の実現」
(18) 同論文六五ページ
(19) 森有礼「妻妾論の一」、山室信一／中野目徹校注『明六雑誌』上（岩波文庫）所収、岩波書店、一九九九年、二七六ページ
(20) 同論文二七八ページ
(21) 前掲「明治啓蒙期の妾論議と廃妾の実現」五五ページ
(22) 皇室には側室の役割を期待される女官制度があった。
(23) 前掲「明治啓蒙期の妾論議と廃妾の実現」六四ページ
(24) 前掲『近代天皇制国家とジェンダー』三ページ
(25) 黒岩涙香『弊風一斑 蓄妾の実例』（現代教養文庫）、社会思想社、一九九二年、一八ページ

(26)同書一九八ページ

(27)黒岩が報道した男性たちの居住区はほとんどが東京であり、したがってこの記事は、東京という都市の妾文化の事情を伝えるもので、地域が限定されることも承知しておきたい。

(28)「江戸時代も中期以降になると、必ずしも富裕な階層だけでなく、広い階層にわたって妾をもつ者が多くなり、囲妾に類する多様な妾の形態が発生するに至った」(前掲「江戸時代の妾」五一一ページ)

(29)前掲『華族社会の「家」戦略』二五九ページ

(30)同書一ページ。つまり、華族とは同一の戸籍に属する家族全体の総称になる。一方、華族の爵位は世襲され、爵位を相続できるのは戸主だけだった。戸主が家督を跡継ぎに譲れば爵位は新しい戸主に移り、前戸主は爵位がない華族(無爵華族)になった。また、女性は戸主であっても爵位を相続できなかった。原武史/吉田裕編『岩波天皇・皇室辞典』岩波書店、二〇〇五年、一〇九―一一〇ページ

(31)前掲『華族社会の「家」戦略』七ページ

(32)同書四五ページ。一八八七年の五百六十五戸から一九〇七年には九百三戸へと増加している。この時期の増加の背景には新華族の構成比が急上昇したことがあった。

(33)山川菊栄『おんな二代の記』(岩波文庫)、岩波書店、二〇一四年、一八八ページ。「ごましおひげの老人」とは明治天皇のこと。

(34)前掲『華族社会の「家」戦略』一三ページ

(35)この結果から考えれば、最も多く報道された明治期の商人の妾囲いの様子を検討することが必要だろうが、筆者の調査不足の関係で今後の課題とする。おそらく、町人文化のなかで継がれてきた落語のなかに議論の種を探すことができるのではないかと考えている。

(36) 前掲『華族社会の「家」戦略』二六二ページ
(37) 同書三九〇ページ
(38) 前掲『岩波天皇・皇室辞典』一五五ページ
(39) 同書三五五ページ
(40) 前掲『近代天皇制国家とジェンダー』一三六ページ
(41) 前掲『岩波天皇・皇室辞典』三二九ページ。新憲法の精神に沿って、新典範では「嫡男子嫡出」に限ることが決められた。
(42) 前掲「明治啓蒙期の妾論議と廃妾の実現」六五ページ
(43) 浅見雅男『華族たちの近代』NTT出版、一九九九年、九一―九二ページ
(44) 前掲『華族家の女性たち』一一三ページ
(45) 小田部雄次『華族――近代日本貴族の虚像と実像』(中公新書)、中央公論新社、二〇〇六年、一七ページ
(46) 前掲『華族社会の「家」戦略』二六六ページ
(47) 同書二七〇ページ
(48) 金井景子「聴く男・語る女・書く男性作家――徳田秋声『縮図』を読む」、江種満子／関礼子／金井景子／根岸泰子／漆田和代／沼沢和子／千種・キムラ・スティーブン／坂田千鶴子／小林富久子『男性作家を読む――フェミニズム批評の成熟へ』所収、新曜社、一九九四年、六九ページ
(49) 同論文九二ページ
(50)「闘う家長」「色好みの男」という近代男性の分類は水田宗子の次の研究による。水田宗子『物語と反物語の風景――文学と女性の想像力』田畑書店、一九九三年

(51) 森鷗外『森鷗外全集3』(筑摩全集類聚)、筑摩書房、一九七一年、二四ページ
(52) 馬場美佳『「小説家」登場――尾崎紅葉の明治二〇年代』笠間書院、二〇一一年、一八六―一八七ページ
(53) 尾崎紅葉、大岡信ほか編『紅葉全集』第三巻、岩波書店、一九九三年、九ページ
(54) 同書二四、二五ページ
(55) 坂上博一「解説」、永井荷風『腕くらべ』(岩波文庫)所収、岩波書店、一九八七年、二三三ページ。狭斜とは遊里・色街のこと。
(56) 前掲『紅葉全集』第三巻、四五ページ
(57) 前掲『「小説家」登場』一九四ページ
(58) 前掲『森鷗外全集3』一二ページ
(59) 前掲『紅葉全集』第三巻、四二ページ
(60) 小林富久子「『女坂』――反逆の構造」、江種満子/漆田和代編『女が読む日本近代文学――フェミニズム批評の試み』所収、新曜社、一九九二年、一四五ページ
(61) 前掲「明治期新華族周辺における妻と妾」
(62) 佐伯順子『「色」と「愛」の比較文化史』(岩波人文書セレクション)、岩波書店、二〇一〇年、一四三ページ
(63) 前掲『森鷗外全集3』三四ページ
(64) 前掲『紅葉全集』第三巻、六五ページ
(65) 同書七ページ
(66) 同書七ページ

(67) 円地文子『円地文子全集』第六巻、新潮社、一九七七年、一三ページ
(68) 同書二八ページ
(69) 同書三三ページ
(70) 前掲『おんな二代の記』一〇〇ページ
(71) 前掲『円地文子全集』第六巻、六九ページ
(72) 同書七三ページ。傍点は引用者。
(73) 同書三三ページ
(74) 村井弦斎『女道楽』博文館、一九〇三年、七ページ
(75) 前掲『円地文子全集』第六巻、八二ページ
(76) 同書九〇—九一ページ
(77) 同書七七ページ
(78) 同書七二ページ
(79) 同書一二二ページ
(80) 同書九三ページ
(81) 文学では、当事者が語ろうとしない（できない）個人的な記憶を、他者である表現者が作品にどのように表現できるのかという問題が議論され、「ポストメモリー」という概念が重要視されてきた。当事者が語りえぬことは、ドキュメンタリーのように他者が表現することはできないが、表現者の想像力で再現することは可能と考える。文学作品では、広島や長崎の原爆経験や家制度下での女性の抑圧体験などトラウマの世代継承が活発におこなわれてきた。水田宗子『大庭みな子 記憶の文学』平凡社、二〇一三年

(82)例えば、二〇〇七年に公開された映画『さくらん』（監督：蜷川実花）には、吉原遊郭の娼妓が遊女の最高格である花魁になって資力がある旦那に身請けしてもらい、その妻や妾になることを欲望する廓の意識が描かれている。
(83)前掲『皇后の肖像』二八四―二八五ページ
(84)永井壮吉、稲垣達郎ほか編『荷風全集』第三巻、岩波書店、一九九三年、六九ページ
(85)永井壮吉、稲垣達郎ほか編『荷風全集』第十二巻、岩波書店、一九九二年、七四ページ
(86)同書四六ページ
(87)辻和子『熱情――田中角栄をとりこにした芸者』講談社、二〇〇四年
(88)北田幸恵「ヒロインの作られ方――三宅花圃『藪の鶯』から『八重桜』への展開」、新・フェミニズム批評の会編『明治女性文学論』所収、翰林書房、二〇〇七年、三八ページ
(89)樋口一葉『樋口一葉全集』第一巻、筑摩書房、一九七四年、四八一ページ
(90)同書四八二ページ
(91)同書四七九ページ
(92)同書四七九ページ
(93)関礼子「「読む」ことによる覚醒――「軒もる月」の物語世界」、亜細亜大学教養部編「亜細亜大学教養部紀要」第四十三号、亜細亜大学教養部、一九九一年、一一四ページ

第2章　戦前の愛人——恋愛をする人

はじめに

第1章では明治期の妾について議論したが、第2章と第4章では、「妾」とは異なる「愛人」について、それぞれ戦前・戦後の時代を通してみていくことにする。現代の日本では愛人という言葉は、既婚者が婚姻外で交際する相手という意味で使われることが一般的である。それはつまり社会的に容認されず、倫理にもとるものとして人々に了解された存在だといえるだろう。

前掲『日本国語大辞典 第二版』によると、そもそも愛人は、近代以前は「人を愛する」という意味で使用された道徳的な言葉だったが、それが転じて、江戸時代末頃から honey、lover、sweet-heart などの翻訳語として「愛している いとしい異性。恋人。特に、夫や妻以外の愛している異性」の意味で使われるようになったという。そしてその用法が戦後に一般化し、現代では「配偶者以外の、社会的に容認されにくい関係にある相手についていうことが多く、「恋人」とは区別」されるとなっている。

現在では、婚姻関係に不協和音を生じさせる悪であり、社会的に容認されないという点に「愛人」の特徴があるように思える。しかし、戦前の愛人像を丁寧にみていくと、近代の恋愛概念の創出と展開の過程で、愛人は人々に容認され、好意的に受け止められる存在だったことがわかってくる。

戦前の愛人を語るときには、恋愛との関わりが重要である。愛人という言葉は恋愛思想の発展のなかで産出されていく。恋愛は前近代的婚姻関係のあり方を否定し、一夫一婦を原則とした婚姻関係に至るためのよりどころとして近代日本の知識人に歓迎された概念で、ロマンチックラブイデオロギーとして展開されて、近代の家族形成に不可欠な要素になっていく。そして、この流れに大きく加担していたのが愛人だった。愛人は、前近代の婚姻関係のあり方が否定された――それは妾が否定されたということでもある――あとに出現し、近代の恋愛ブームの炎に薪をくべる役割を果たしていたのである。愛人という言葉は「恋愛をする人」の意味で使われ、その存在は知識人から求められる革新的なものだった。

しかし戦後に至ると、「恋愛をする人」という意味が弱まるかわりに、社会的に容認されない性関係にある男女という意味合いが強まり、愛人に対する社会の否定的な態度が強くなっていく。本書では愛人について、近代の初めから現在の文脈に至るまで検討を進めていく。まず本章では明治期から一九二〇年代までの戦前の愛人について、そして第4章では戦後の愛人についてみていく。

1　近代日本フェミニズムの出発点——恋愛／一夫一婦／妾の否定

「恋愛」という言葉は、「特定の異性に特別の愛情を感じて恋い慕うこと」であり、「日本では明治初年以来、英語 love の訳語として「愛恋」「恋慕」などともに用いられ、やがて明治二二年ころから「恋愛」が優勢になった」（前掲『日本国語大辞典 第二版』）もので、近代に創造された概念であることが通説になっている。(1)

ただし、この「愛情を感じて恋い慕う」という感情がそれ以前の日本に全くなかったのかといえばそうではなく、近代以前はそれらの感情は「色」や「恋」という言葉によって表現され、それが西洋からの love の輸入によってキリスト教的価値観である「愛」と結び付き、近代日本の「恋愛」を形作っていくことになったという視座から着手した恋愛研究の成果も蓄積されている。(2)

さて近代日本の恋愛を構築した知識人の議論としてこれまで注目されてきたのは、巌本善治と北村透谷の思想である。二人の恋愛論は「女学雑誌」（万春堂―女学雑誌社）に掲載された。「女学雑誌」は巌本善治、近藤賢三らが創刊し、「少数の知識層の男女やキリスト教系女学校の生徒、有識者や女子教育家を中心とする人々の間で購読(3)」され、一八八五年から一九〇四年まで刊行された教育雑誌である。「女学雑誌」が創刊された一八八〇年代は、近代日本フェミニズム思想の草創期でもあり、その第一世代にあたる女性たちが、この雑誌に論説や小説などを寄稿していたため、フェミニズムの思想形成の出発点という意味でも大変重要な意味をもっている。本節では、まずこの「女学雑誌」を起点として女性解放と恋愛概念との関係を確認し、愛人という言葉が出現する時代文脈を整理しておく。

巌本善治の恋愛結婚論

「女学雑誌」創刊から終刊までの二十年ほどの巌本善治の執筆活動のなかで、その思想の最良の部分は一八九一年ごろまでに集中しているといわれる。(4) この時期には恋愛に関する議論がまとまって発表された。

人間として平等な男女が互いに「敬愛」しあう関係を「恋愛」と呼んだ(5)巌本は、一八八七年の第六十二号と第七十二号の社説に「男女相擇の説」(上・下)を掲載している。(6) プロテスタントでキリスト教思想に影響を受けた巌本は、男女が「気質投合」して「合性」が合う者同士が結び付くのが夫婦の理想であるとし、そのためには、「妙齢の娘」をもつ父母の理解が重要だと考えた。父母はときどき「家内に小宴を開き少年の男女を招待して清潔なる遊事を催すべし」(7) として、男女が自由に交際する環境を整えることの必要性を訴え、親の監督下という条件のもとではあるが、結婚には娘の自由意志を尊重することが望ましいとした。

その後、第九十六号からは七回にわたって「日本の家族」を連載し、日本にはイギリスやアメリカにあるような「ホーム」という言葉に対応するものがない、幸福な家族も少ないという問題意識を提示し、男女相愛の結び付きによる「和楽団欒」を実現する家族の成立を求めている。ここで注目すべきなのは、幸福な家族が少ない理由として彼が考えていたことの一つに、「一夫一婦の規則が厳密におこなわれていない」ことがあった点である。巖本は、夫が家の内外に「妾」を囲う習慣があることを批判し、これによって家内の風紀が乱れることを「細君」の観点から次のように指摘している。

細君はぢつと之を辛棒し其の高尚なるものは夜半独り歌を吟じ其の熱情のものは煩悩して胸に湯を沸かし稍や心得たるものは妾を妹分にし其の尤とも烈しきものは吝気の角を露はす則ち一家に蛇の如く相ひ戦ふものありて家族にもめの止む時なし(8)

夫が妾を囲うということは、夫婦相愛による家族形成に逆行する事態であり、妻の感情を逆なでし、家内に波風が立つ原因として批判された。ここでは巖本の関心が、一夫一婦形式の確立から進んで、その内実に向けられたことに注意しよう。夫婦は互いに敬愛しあう恋愛の結果によって結び付かなければならず、そのうえに「和楽団欒」の家族を形成することが巖本の理想だった。このように恋愛と結婚を直接的に結び付けた彼の主張は恋愛結婚論(9)として注目されるが、このような恋愛と結婚が結び付き、その関係によって生殖家族が作られるという性・愛・結婚一致の規範は、ロマンチックラブイデオロギー（恋愛結婚イデオロギー）と呼ばれるものである。これは一夫一婦を基軸として夫婦とその子どもたちが情緒的絆で結ばれるという近代家族を支える概念であり、現代の私たちの家族形成のあり方にも影響を及ぼしている。このロマンチックラブイデオロギーは、婚姻外の性を禁止し、夫婦の性の排他的関係性を求めるにもかかわらず、性のダブルスタンダードのもとで男性にとっては女性ほどには重要視されてこなかったという問題があった。そのため、戦後のフェミニズムで批判されるジェンダー規範であることも付け加えておく。

前述の巖本の社説は一八八八年に書かれている。第1章で示したが、一八八二年に妾は配偶者ではなくなり、法的に廃止されていた時代状況にあり、七〇年代の森有礼の「妻妾論」からは一段階進んだといえる。つまり、森の議論では一夫一婦の形式的立ち上げが主眼だったが、巖本の場合は妾囲いの批判は当然のこととして、さらに一夫一婦の内実、妻の感情の問題までが具体的に視野に入ってきているのである。近代草創期、近代国家の成立基盤を固めるために唱えられた廃妾論が、八〇年代に至ってキリスト教の影響を受け、ロマンチックラブイデオロギーの価値観を内包した廃妾論へと進んでいることを指摘しておきたい。

ちなみに、巖本が提示した当人同士が主体になって結婚を決めるというあり方は、当時「自由結婚」という言葉で表現されて新聞でも注目されていた。一八八九年の「東京朝日新聞」は、「自由結婚といふ文字ハ此頃盛んに妙齢の娘連に賞愛を被り」（九月五日付）と報道している。巖本自身も、「女学雑誌」に寄稿していた若松賤子と結婚し、互いに「さん」づけで呼び合うというハイカラな西欧式の「家庭」（ホーム）を作ろうとしたようである。(10)

こうした巖本の恋愛結婚の思想は、初期の女性解放運動・思想の言説と連動しながら発展していったと考えられる。一八八六年に設立された日本キリスト教婦人矯風会（当初は東京婦人矯風会）は、その会の活動の様子をしばしば「女学雑誌」に掲載して一夫一婦論を展開した。また、清水紫琴も同誌に小説を発表して男女相愛による結婚を重視しているが、巌本が主張した近代的婚姻関係のあり方は、彼女たちによっても同時的に志向され、それぞれの語り方で社会に向けて発信されていったのである。

矯風会の一夫一婦論

一八八六年にアメリカの万国矯風同盟のメアリー・レビットが来日したことをきっかけにして結成された女性団体が矯風会である。初代会頭には矢島楫子が就任した。キリスト教の精神に基づき、女性や子どもの権利を主張して現在まで息の長い運動を続けている。アメリカの矯風会は禁酒運動を主眼としていたが、日本での設立時には禁酒にとどまらず、広く社会一般の弊風を矯める（悪い習慣を改めて直すという意味）ことが会の目的として定められた。いまでは矯風会というと娼妓救済のための慈愛館を設置（一八九四年）して廃娼運動に尽力した団体という印象が強いが、当初は一夫一婦の実現に力を注いでいて、その活動の様子がしばしば「女学雑誌」に掲載された。会の機関誌が八八年に創刊されるまでは、外部機関の「女学雑誌」が矯風会の活動を伝える場として機能していたのである。[11]

一八八七年五月に「女学雑誌」の「特別広告」として掲載された矯風会の「主意《（ママ）》書」では、「男尊女卑の風俗及び法律を除き一夫一婦の制を主張し娼妾を全廃し家制交際の風を改め飲酒喫煙放蕩遊惰の悪習を刈る[12]」ことを目的として示している。

そして一八八九年、矯風会は一夫一婦の建白書を元老院に提出した。『日本キリスト教婦人矯風会百年史』[13]によると、現在では建白書の内容を確認することはできないようだが、矢島楫子の姪である湯浅はつが「女学雑誌」第百六十一号に寄稿したものが建白書の内容を表しているとしている。これを確認してみると、建白書の主眼は「蓄妾」の習慣によって生じる妻の不利益の解消としての一夫一婦の構築にあったことがわかる。妾を囲う習慣から、「夫その妻を虐遇し、一家不平となり、夫妻その居を別にするに至る」と認識され、「妾たるものはその家財を盗まんと欲し、その子を戸主となさんと欲し為めに一家を攪乱絶滅せしむるに至る」ものであり、日本社会には「正妻と妾婢、正嫡と庶子との区別判然せさるか故にその弊害殊に甚たしその区別を立るは甚た必要[14]」であることが示されている。建白書が出された八九年にはすでに妾の身分は刑法で廃止されているが、「庶子」の概念は法律に残されていて、矯風会の女性たちは妾が妻の権利を侵犯する恐れと危惧を抱いたのだろう。

妻の権利のために妾を廃止せよという議論は、会の書記だった佐々城豊寿個人の意見にもよく表れている。佐々城は「女学雑誌」第六十五号（一八八七年）に「婦人文明の働」を寄稿しているが、ここで彼女は、妻に起こっている事態を日本女性全体の問題として捉え、女性のはたらきが単なる労力の働きに陥っていることを問題にしている。そして、女性のはたらきが文明的価値になるためには、「遊郭」と「春を鬻ぐ買女の輸出」と「妾」の三つが廃止されなくてはならないと主張した。三つのうち二つは、遊郭や輸出という売買春制度の構造的問題に目を向けているにもかかわらず、三つ目の「妾」については、妾になる女性自体に批判の矛先が向いている。加えて、佐々城は妾に対して「斯る卑しき者の我々と肩を比べ同じく日本の同胞姉妹」といわれるのは「実に我々に取りての不幸此上なき事」であり、そのような者がいれば「私共の品位は昇る事も進む事も出来[15]」ないと主張した。佐々城の妾に対する批判意識は厳しいものだった。

ちなみにこの佐々城豊寿は、このあとふれる国木田独歩と恋愛をした佐々城信子の母親でもある。仙台藩士で漢学者でもあった父親から手厚い教育を受けて育ち、上京後は中村正直のもとで漢学を学び、フェリス女学校の前身校に通って英語を使いこなした明治初期のエリート女権運動家だった。

佐々城豊寿は、中村正直のもとにいるときに同郷の佐々城本支と出会い、のちに結婚するが、二人が出会ったとき本支には郷里に残してきた妻子の存在があった。佐々城豊寿と本支が婚姻関係に入るのは一八八六年十二月二十八日で、矯風会が日本橋教会で発会式を挙げた十二月六日の三週間後のことだった。その間に長女（これが佐々城信子）、長男、二女をすでに産んでいた。

つまり、佐々城は過去に、自らが一夫一婦の「妻」の位置づけを危うくする存在だったにもかかわらず、痛烈に「妾」批判をしていたのである。これはおそらく、佐々城は本支との関係を、巌本がいう合性による結び付きが先行する近代的男女の関係性から結ばれたものと認識していて、男性と奉公人の関係である妾と同じ位置づけにはないと考えていたためではないかと推察する。むしろ郷里に残された本支の妻の立場のほうが、彼女にとっては旧態依然とした前近代的なものに思えたのではないか。近代女性にとって一夫一婦の実現が最上の課題として迫ったとき、彼女自身の境遇に問題があったこと、すなわち自分が相愛の関係になった相手に別の女性（仙台の妻）がいたことが、佐々城豊寿の一夫一婦言説を高まらせたのではないかと考える。

矯風会の一夫一婦論に話を戻すが、設立当初は会の方針や一会員の個人的主張として一夫一婦が説かれ、その力点は妾廃止に置かれていた。巌本の議論が、妻の心情を思いやる進歩的な夫の立場からのものだったとしたら、矯風会の議論は、妻の立場からその権利の土台を構築するためのものだったといえ、一夫一婦実現の前に立ちはだかる妾の廃止が声高に叫ばれた。そして妾に対しては、家財を盗む者、自分の子を戸主にするために画策する者、卑しく女性の品位を下げる者だという厳しい視線を注ぎ、「醜業婦」という意識を内包していたことがわかる。近代の女性解放運動家の醜業婦観については廃娼運動の研究史のなかで指摘されてきたが、[16]「妾」に対しても同様の視線が向けられていた。このような彼女たちの言説が、恋愛結婚に関する言説を展開する巌本の論説が掲載される「女学雑誌」に、同時期に取り上げられていたのである。

清水紫琴の「こわれ指環」（一八九一年）

妾の存在によって妻が不幸になるという言説は、文学作品のなかにも確認できる。清水紫琴の「こわれ指環」（一八九一年）である。この物語は「女学雑誌」第二百四十六号に掲載された。清水紫琴は一八九〇年に「女学雑誌」の主筆・編集責任者になり、雑誌の全盛期を巌本善治とともに担ったともいわれ、[17]彼女が書いた「こわれ指環」は日本最初のフェミニズム小説と位置づけられている。[18]

この物語の主人公の「私」は師範学校への進学を諦めて親が決めた結婚に従ったが、結婚後、夫が自分のことを「愛して」くれているのかという問題にぶつかる。実は夫には結婚前から関係をもっていた女性がいて、「私」と結婚する数日前まで一緒に暮らしていたことが判明する。現在はその女性を外に囲っていて、結婚後も夫はその女性のもとに通うことをやめていなかった。そこで「私」は離婚することを決意する。

離婚に至るまでには、そのころはやりだした女権論に影響を受けて――これは矯風会の一夫一婦論のことと考えられる――、「日本の婦人も、今少し天賦の幸福を完ふする様にならねばならぬ[19]」ことを悟り、夫に真心をもって接しようとしたが、夫の冷淡な態度にこの結婚を悔やむようになったという経緯があった。離婚後、「なぜ私は、ああいふ様に夫に愛せられ、また自らも夫を愛することが出来なかつたのか[20]」と自分の結婚生活を後悔する「私」は、愛がある夫婦に対して羨望のまなざしを送っている。

「こわれ指環」は、離婚によって新たな人生に踏み出そうとする主人公の決意が読者にすがすがしさを与えているが、しかしながら物語の結末部分は議論を呼ぶものである。玉が抜けた結婚指輪をはめて愛がない結婚をした自分を戒めながら、「このこわれ指環がその与へ主の手に依りて、再びもとの完きものと致さるる事が出来るならばと、さすがにこの事は今に……[21]」と結ばれ、再び結婚への意欲を示しているのである。

この結末に対しては文学研究では様々な議論がなされてきた。例えば、これは復籍を願うものであり「たとえフィクションとしても「只管世の中の為に働こふと決心」した「私」の言葉としては、その覚悟を不鮮明にする外のなにものでもない。そしてまた「こわれ指環」の意義をはぐらかすことにもなるであろう。全く蛇足と言わねばならない[22]」という批判がある。また反対に、「明治という時代に、結婚を女の天賦の権利と結びつけて生き、離婚を「女の思想」の問題として措定し、そこに身をさらした女の瞬間の生の揺れを写した声[23]」というように、時代の限られた文脈のうえに発言されたものとしてその気持ちの揺れを肯定的に評価するものがある。

いずれにしても、この主人公は「結婚」という形式にとらわれていたといえる。その結婚が壊れようが、結婚の象徴である指輪をはめ続け、結婚とは何か、どうあるべきかを考え続けている。考え続けながら、彼女にとって腑に落ちる結婚というものを欲望している。

そして、結婚に対する主人公の欲望の内実を考えると、夫に別の女性がいて、妻である自分自身が冷遇されるような結婚を望んではいないことは確かである。そのような結婚生活は「私」には不幸な状態として認識されている。愛がなかった結婚のことを後悔し、愛がある結婚をした夫婦をうらやんでいることからも、「私」に欲望される結婚とは、巖本が論じたような、当人同士の意志が尊重された恋愛と結婚が結び付いた形態のものだったと考える。妾なる女性の存在が消え、一夫一婦という形式が実現したうえに、そこに「愛がある結婚」という内実が伴うことを望んでいることが見えてくるのである。

つまり「こわれ指環」には、「女学雑誌」に掲載された巖本善治の夫婦相愛を基本とする恋愛結婚観と、妻を虐待する一夫多妻（蓄妾）の形式を拒絶した矯風会の女権運動の価値観が内包されている。矯風会は運動として妾の廃止による一夫一婦の実現を唱えたが、とくに巖本の恋愛結婚論は、旧態依然の秩序を打ち破ったあとに突き進む道徳的道筋や具体的なあり方を提示するものとして、女性たちの議論の中身を埋める役割を担うことになったのではないだろうか。

ただし、これらの価値観は前時代の秩序を打ち破るものではあったが、近代社会に構築された新しい秩序の維持に貢献するものでもあったことを指摘しておかなければならない。巌本善治と北村透谷の恋愛論を論じた作田啓一は、近代恋愛と資本制との共犯関係を次のように論じている。

> 恋愛のもつ本来的な「アナーキズム」は抑制される必要がある。そこで、恋愛のエネルギーを小さな夫婦家族の枠内に押し込めることが望ましい。その上、家族という小集団の壁によって、性的エネルギーの拡散が防止されるなら、「節制」すなわち適度の充足によって、性的エネルギーが日々の勤労のエネルギーに転化するだろう。そのような意味で、夫婦家族は資本制社会にとってきわめて重要な機能をもつ。[24]

「女学雑誌」に言論を発表するような女性たちにとって、巌本善治の恋愛結婚論は旧時代の規範から自己を解放する革新的な思想だっただろうが、それは一夫一婦のなかに恋愛を押し込めておくという新時代の措置でもあり、その新たな秩序構築に寄与する一面があったのである。近代日本のフェミニズムは、このような思想の礎の上に出発したのだった。

2　愛人の登場――一九一〇年代まで

北村透谷の恋愛論

北村透谷の「厭世詩家と女性」は、一八九二年二月の「女学雑誌」第三百三号と第三百五号に二回にわたって掲載された[25]。前述のとおり「恋愛」という言葉は、love の訳語として当初「愛恋」「恋慕」などとともに用いられたが、八九年ごろから「恋愛」が優勢になり（前掲『日本国語大辞典第二版』）、さらにその状況を勢いづけたのが透谷の思想だったという[26]。

ではさっそく、「女学雑誌」に掲載された恋愛論を確認していこう。数々の研究で引用されている箇所だが、その冒頭で北村透谷は、「恋愛」に対して次のように崇高な概念を与えている。

恋愛は人生の秘鑰なり、恋愛ありて後人世あり、恋愛を抽き去りたらむには人生何の色味かあらむ[27]

「秘鑰《ひやく》」とは謎を解き明かすための鍵という意味である。人生の奥義に達するのは恋愛を経験したあとであり、恋愛をしない者は春が来ない樹木のようにわびしく、人間の成熟は恋愛によってもたらされると北村は考えた。そのため「生理上にて男性なるが故に女性を慕ひ、女性なるが故に男性を慕ふのみとするは、人間の価値を禽獣の位地に遷す者なり」というように、恋愛を根拠としない男女関係の価値は低められている。人間が深みを増すための装置としての恋愛が、北村透谷によって高々と謳い上げられたのである。

また、この恋愛論のなかで北村は「想世界」と「実世界」という二つの相対する世界の存在を提示した。想世界は社会の邪念をいまだ知らない世界であり、恋愛はこの世界に属する。対して、実世界は社会組織の価値観に占拠され、想世界の住人を駆逐する強大な勢力を有すると考えた。そして、恋愛をしなければ社会の一分子として社会に対する自己を見ることにはならないが、しかし男女合して婚姻したあとは、人は俗化され、想世界から実世界の虜になってしまう。その俗化は人を真面目にして正常の位置に立たせるものではあるが、社会の規律を厭う詩人にとっては失望する事態であると指摘した。

さらに、この婚姻に幻滅する詩人の不満の矛先はかつての恋愛相手だった妻である女性の存在へと向かっていく。女性は「感情の動物」であるとして、愛するよりも愛されるものであり、男性に寄りかかり、男性の一挙一動や愛情に左右され、嫉妬や回り気（いらぬ心配や疑いの念を抱くこと）も起こすという婚姻後の妻の性状が問題として浮上してくるのである。このような妻に詩人はその調和を全うすることはできないという嘆きが加わり、恋愛のあとは永遠の冬の夜が訪れることを示唆して彼の恋愛論を締めくくっている。

北村は恋愛に崇高な概念を与え、近代人の自我が立ち上がる契機として恋愛の重要性を示したが、残念ながら彼にとって、かつて恋愛のパートナーだった女性は想世界を求める男性とともにそこへ導かれる存在にはならなかった。女性のジェンダーを前述のように規定し、さらに女性には精神活動がおこなわれないというかのように厭世詩人との間に境界線を引き、一人で婚姻の失望を味わっている。このような北村の恋愛論については、女性役割を強化しながら男性規範には抗うという、性別役割に対して二重性をもつものであり[29]、女性学からは「男の側のひとりよがり」「女性嫌悪の書[30]」と批判されている。また実世界の婚姻に幻滅する彼の議論は「結婚＝恋愛の墓場論[31]」とも指摘されていて、後述する厨川白村の恋愛論での結婚の考え方とは対照的である。

この論説は、北村透谷が三歳年上の石坂美那子と恋愛して一八八八年三月四日にキリスト教の洗礼を受け、同年十一月三日に結婚式を挙げて四年あまりが経過した妻の妊娠中に書かれたものであること、妻の妊娠中に北村は教え子の女性と恋愛関係にあったといわれていることを踏まえておきたい[32]。北村の議論では恋愛が宿る想世界と実世界の相反が問題になることは先に言及したが、具体的にどのような不具合をきたすのかについては、実は示されていない。「社会組織の網縄に繋がれて不規則規則[33]」にはまることとの嫌悪感が示されるだけだった。本当のところ北村にとって問題だったのは、自分が性の排他的関係を原則とする一夫一婦の規則に従えなかったということではないだろうか。受洗後に、性・愛・結婚一致のキリスト教的価値に基づく結婚生活を送れない事態は矛盾と考えなければならない。また、近代文学の男性作家が煩悶したように北村も例に漏れず、近代女性と婚姻という排他的な関係のなかで向き合うことの壁にも突き当たったということだろう。女性は感情の動物だと不平を漏らすくだりで、北村は妻の嫉妬や回り気を読み取っている。女性が自分と同じように自我をもつことに、その関係に至ってようやく気づくことになったのではないか。結婚式から半年後に出版された『楚囚之詩』(春祥堂、一八八九年)では、結婚前の恋愛関係にある女性の自我は問題になっていない。詩のなかで男女はそれぞれ牢獄につながれていて、二人の自我が衝突する場の物理的な回避ができているのである。

このあとみていくが、現実の結婚に折り合いをつけるための論をひねり出した厨川白村の恋愛論とは異なり、恋愛→結婚への移行を円滑に遂行することができずに立ち止まる既婚者・北村透谷のこうした苦悩は見逃せない。性のダブルスタンダードはそのままにロマンチックラブイデオロギーが展開していくというその後の日本が抱える問題を、すでにこの出発期に男性の立場から表現していたと考えられるからである。そして、恋愛の崇高性が婚姻関係のなかには実現しないと不満を漏らす論調には、その状況でも過去の恋愛を記憶していて理想形を追い求める北村の姿がある。詩人としての立場にとどまって、問題を妻の性状に集約せずに、自らのジェンダー規範にも考えをめぐらせ、夫になった自らの立場を顧みることがあれば、彼の恋愛結婚は成就したのではないか。

とはいえ、このような北村透谷の恋愛論は、当時の文壇を支えた男性知識人たちには新鮮に映って支持されたようである。木下尚江はこれについて、「まさに大砲をぶちこまれた様なものであつた。この様に真剣に恋愛に打込んだ言葉は我国最初のものと想ふ。それまでは恋愛——男女の間のことはなにか汚いものの様に思はれてゐた。それをこれほど明快に喝破し去つたものはなかつた」[34]と回想している。そして、このような時代状況のなかで、「愛人」という言葉が浮上してくるのである。

恋愛と愛人

近代の愛人という言葉の使用は、恋愛概念の成立と不即不離の関係にあった。「恋愛」は近代に創造された概念だが、愛人という言葉自体は近代以前の日本にもあった。かつては「人を愛する」という意味で使われてきた経緯があり、明治期になっても例えば福沢諭吉の『文明論之概略』(私家版、一八七五年)や、中村正直が翻訳したサミュエル・スマイルズの『西国立志編』(須原屋茂兵衛、一八七一年)では、その意味で愛人が用いられている。

これが恋愛との関わりで、相愛する人、恋する人、愛しい人という意味で使われるようになるのが、北村透谷が恋愛論を発表したころからということになるだろう。前述の「厭世詩家と女性」には「愛人」という言葉の使用はなかったが、北村が結婚式の翌年の一八八九年に発表した『楚囚之詩』では「愛人」が次のように使われていた。

牢番は疲れて快く眠り、
腰なる秋水のいと重し、
意中の人は知らず余の醒たるを……
眠の極楽……尚彼はいと快し
嗚呼二枚の毛氈の寝床にも
此の神女の眠りはいと安し!

余は幾度も軽るく足を踏み、
愛人の眠りを攪さんとせし、
左れど眠の中に憂のなきものを、
覚させて、其を再び招かせじ、
眼を鉄窓の方に回へし
余は来るともなく窓下に来れり
逃路を得んが為ならず
唯だ足に任せて来りしなり
　もれ入る月のひかり
ても其姿の懐かしき！[35]

『楚囚之詩』は全部で十六編もある長篇自由詩で、政治犯として婚約者や同志とともに監獄に入れられた男性のことを詠んでいる。また、北村が自由民権運動に傾倒していた時代に彼自身が巻き込まれそうになった大阪事件（一八八五年）や、憲法発布（一八八九年）に際して発令された国事犯に対する大赦が詩の構想に反映されたといわれている。[36]

監獄のなかで孤独な主人公が別の監房にいる婚約者を思い、眠っている婚約者へ彼の想念を送り、彼女の眠りを覚まそうとするが、安らかな眠りを妨げて現実に戻してはいけないと詠う場面である。ここで、主人公の婚約者は「愛人」という言葉で表現されている。十六編のうちで婚約者のことを愛人と呼ぶのはこの一箇所だけであり、ほかの箇所では「花嫁」「我妻」という表現が使われている。獄舎にあっても二人が精神的な愛でつながれていることが高らかに詠われていて、「厭世詩人と女性」で主張した恋愛賛美が基調を成している。

この主人公にとって、獄舎という自由を奪われた空間はかえって好都合なのかもしれない。婚姻に至る前の花婿と花嫁の精神的な愛が、その限定された閉鎖的な空間のなかでこそ高まっていくようである。婚姻が墓場になる以前の「想世界」の空間は獄舎に実現されるものだったのかもしれないが、ここに精神的な男女相愛の関係にある相手という意味で愛人という言葉が使われ、恋愛賛美のなかで愛人と呼ばれる女性が男性知識人に求められる状況が形成されていることを確認できる。

このように、恋愛概念の確立に伴って精神的な愛の対象になる恋しい人という意味で愛人が使われ始めたが、しかしまだその使用は頻繁ではなかった。「恋愛」は知識人の間でかまびすしく使われるようになっていたが、「愛人」はまだ一般的ではなかったと考えられる。

国木田独歩は佐々城信子との恋愛関係をつづった日記のなかで、信子との結婚に至るまでの様子を次のように記している。ここでは「恋愛」が繰り返し使用されているが、「愛人」という言葉は一度も出てこない。

われ等は恋愛のうちに陥りぬ。

曰く信子嬢の母ハ吾等の恋愛に反対なればなり。

吾等か恋愛はすべからく公明正大にして大胆なるべし。

嗚呼一生！　何ぞや。今日のわが恋愛も昔語りとなるの日あらん。

信嬢より今夜書状来る、
其の中に曰く、小妹はいま明らかにいふ、大兄と相対してかたろふ其時は実に小妹の本心の現はるゝ時なり、何もかもうちあかして語る誠によろこばしき限りに御座候家にありて種々の苦痛も小妹ハ常に大兄と相見る其時の楽みを思ひ出し自ら其時を待つべしと思ひ、よく心を慰められ候云々
然らば之れ已に恋愛非ずや。(37)

この日記は北村の「厭世詩家と女性」の発表から三年後の一八九五年八月一日につけられたものである。国木田独歩と佐々城信子は、信子の母である佐々城豊寿の反対を受けながら結婚したが、わずか半年あまりで信子が独歩のもとを出奔して婚姻関係が破綻している。これは、独歩が信子に対する恋愛の感情を意識してから急速に信子に気持ちを寄せていく過程で書かれていて、一日の日記のなかに恋愛という言葉が五回も連呼され、当時の男性知識人に恋愛が遂行されていく様子をうかがうことができる。信子と出会ってから結婚するまで、独歩の日記には執拗に「恋愛」が繰り返

し記されていて、いかにも北村透谷が示した想世界の主人公になろうとする勢いが示されている。しかしこの日記のなかで、独歩が信子に対して愛人と呼びかけることはなかった。それは、愛人という言葉が恋愛関係にある相手のことを示すもので、第三者が外から判定して使うという性質が強く、当事者間で相手をわざわざ愛人と呼ぶことはないという使い方の問題もあるだろう。しかし興味深いことに、独歩の日記では愛人という語が使われなかったにもかかわらず、彼の死後、一九一一年に桑田春風の編集によって刊行された書には、一八九六年四月十四日から四月二十日までの独歩の日記が収録され、その収録箇所の冒頭タイトル部分に「愛人失踪の日記」とつけられたのである。[38] 独歩と信子の関係を捉えたときに、第三者である編集者の視点では信子の存在が愛人と認識されていることがわかる。明治期の終わりには編集者に使われるほどに、愛人が恋愛関係にある相手のことを指す言葉として人口に膾炙していたのだろう。

家庭小説のなかの愛人

北村透谷の『楚囚之詩』で使われても一般的ではなかった「愛人」は、一九〇〇年代になると家庭小説のなかで確認できるようになる。『恋夫婦――家庭小説』（草の人、大学館、一九〇六年）には、親の反対を押し切って自由意志で結婚しようとする男女の恋愛模様が描かれているが、ここで「愛人」という言葉が出てくるのである。

主人公の女性・深田静恵子の両親は、県下で実力がある参事官の息子と娘が結婚することを願っていたが、バイオリン奏者の山田邦雄と相思相愛の仲になった静恵子は、親が勧める縁談を断って邦雄と結婚する意志を固めてしまう。困った父親は、邦雄に対して五年という時間の猶予を与え、その間に財産を作ることができたら静惠子との結婚を考えてもいいという条件を出した。その後、邦雄はアメリカに渡って金を稼いで帰国し、二人は晴れて結婚する。

こうした筋書きの物語で、この二人の関係は「恋人」「愛人」という言葉で示されている。また、「愛人」には「愛人《あいじん》」あるいは「愛人《こいびと》」とルビが振られている。親の反対に加え、離れている五年という歳月の間も、二人はお互いを信じ、静惠子は邦雄を待つ時間に耐え、邦雄は金を作るために必死に働き、それらの困難を乗り越えて二人は結婚することがかなった。この物語には、北村透谷が説いた人間が成熟するための恋愛、巌本善治が理想とした愛による結婚への到達という要素が盛り込まれていて、そのようなことを遂行する者を「恋人」あるいは「愛人」という言葉で表現していることがわかる。

ちなみに「恋人」はその人が恋しく思っている相手のことであり、近代以前も使用されていたが（前掲『日本国語大辞典 第二版』）、この時期にはまだ一般的ではなかったようである。[39]「愛人」に「こいびと」とわざわざルビを振ったのは、「愛人」も「恋人」もその用法が不安定な状況のなかで、前述の意味で読ませようという作者の意図があったのではないだろうか。

またこの物語は家庭小説であり、親の強制結婚に従わず、自由意志による恋愛の末に結婚に至る近代女性のあり方が啓蒙的に描かれていることが特徴である。ここで、家庭小説のなかで「愛人」という言葉が採用されていることに注目したい。鬼頭七美は家庭小説というジャンルについて、加藤武雄と瀬沼茂樹の定義を参照して次のように整理している。

「家庭小説」とは「家庭に於て読まるゝにふさはしきものといふ条件を前提として考察せられ」るべき、「健全」かつ「道徳的」で、「どこかに救いがなければならぬ」（加藤）ものであり、「家庭の団欒にあって読まれるにふさわしい読物」、「近代文学の発生にともなって生まれてきた新種の「婦女童蒙の玩弄物」というような性質をもっているもの」（瀬沼）である。[40]

親の反対という困難を乗り越えて、二人の愛を貫き通し、最後は結婚という結末によって幸福を手にするという筋書きは、読者をはらはらさせながらも「救い」があり、「家庭の団欒」で読まれるものになっただろう。前節で引用した作田啓一の指摘のように、恋愛のアナーキズムが一夫一婦の婚姻関係に集約されることで適度の充足と節制をもたらし、社会に容認される状況になっていることがわかる。「愛人」はこのような文脈のなかに現れているのである。

また、前節の巌本善治の項で指摘したように、近代家族の支柱になるロマンチックラブイデオロギーがこの物語の基底を成していることにも注目しておきたい。静恵子と邦雄は、渡米前に親との約束を果たす覚悟を示し、しばらくの別れを惜しむのだが、そのときの二人の様子は次のようなロマンチックな情景として描かれている。

一旦かけ離れた二人は、此時又もや相互に熱い〳〵接吻を求めながら、駸々として夜の更け行くのも絶へて知り得ぬ風情である。

気高い美はしい愛の切情に燃えたつる渠等の前途は、果して如何になり行くのであらうと、ッヽと小鳥が又梅から梅へと清らな余韻を物静かな夜の空気に喚き行くとほろ〳〵と紅白の花舞は二人の頭部に散つてかゝつて、溢れて落つるのだ。(41)

このように結婚に向けた二人の関係は、小鳥に見守られ、花びらが舞い落ちる情景のなかで「気高い」「美はしい」「愛の切情」などの言葉で表現され、精神的な愛のつながりがあることが強調される。だが、それは決してプラトニックにとどまるものではなく、やがて迎えるだろう性関係の予兆も示されている。接吻という身体接触のあと、清らかな余韻のなかで二人の時はこの情景のなかにとどめられた。再びこの二人の時間が動きだすのは邦雄が帰ってくる五年後ということになり、接吻から先の性交という身体接触の進展は据え置かれたという意味が同時に含まれているのである。ロマンチックラブイデオロギーは、性・愛・結婚の一致であり、当事者以外の性関係を排斥する考え方だが、静惠子はそのとおりに邦雄が戻ってくるまで他人に心を動かすことなく、親から催促される見合いの話も断り続けた。最後には、邦雄の帰国が五年の期間を少し過ぎてしまったことから、静惠子が断念して親が勧める結婚にいやいやながら従うが、その仮結婚式の最中に邦雄が戻ってきたことで中止になる。間一髪のところで、静惠子の心も体も邦雄以外にふれられることにはならず、この二人は晴れて結婚を迎えるのだった。このような恋愛を遂行する者こそが愛人といわれたのである。

すなわち、愛人はロマンチックラブイデオロギーを体現し、自由意志による婚姻を達成するものであり、将来の妻予備軍の者として家庭小説の題材にもなり読者にも認められる存在になっていたことが理解できる。

このように、男性知識人によって求められ、家庭小説では好ましい存在として描かれた愛人は、女性知識人の言説のなかでも、自らの思想を高める存在として理解されていく。

女性知識人と愛人

一九一五年、「青鞜」（青鞜社）の五月号に発表された斎賀琴の「昔の愛人に」という小説がある。斎賀琴は一八九二年に千葉県に生まれ、日本女子大学に入学するも中退し、その後は青鞜社に参加して女性問題に関する作品を執筆した。

「あなたと別れてから丁度三年経過てしまひました。あなたの愛に離れてから私の寂しい霊魂は三度の春秋を送りました[42]」という回想で始まるこの小説の主人公の「私」は、かつてともに愛がある生活を送った「愛人」に対して現在の自分の心境を語りかけながら、親からの自立、宗教との出合いに至る歩みを確認していく。

愛人と別れたあと「私」は親から結婚を強いられるが、「かつてあなたに与へた貴いこの心を何物とも知れぬ他人に与へる事は、絶対に出来なかつた[43]」として、愛がない形式的な結婚を強いた親のもとを離れる決心をしたことがつづられる。この「私」が「愛情を基礎にした結婚こそ正当の結婚で、之れに反する一切の――家と家との具体的な関係や、何かの計略を主眼とした所謂、方法としての結婚は、最も卑劣な、恥かしい事だと信じ得[44]」ることができたのは、昔の愛人と愛情関係を築いていたからこそのことである。愛人と暮らした生活のなかで知った愛が、愛がない結婚を拒否する根拠になったのである。

その後、親から自立した生活をしようとするが、無理がたたって体を壊した「私」は、キリスト教の「外国伝道師」と出会う。愛人と交際していたときは宗教を「毛嫌い」していた「私」だが、自らの「ミゼラブル」（みじめな）な経験の果てに出合ったその思想に感化され、それは、やがて「万物と合一する大きな愛の中へ」[45]至る道であると思い、幸福感に包まれる。そのような現状の充足感を昔の愛人に宛てて書いているのである。

この小説のなかで、昔の愛人の存在は、本人の意志を無視して結婚を強いた親に対する反発の原動力になっていた。そしてこの小説の面白いところは、その反発だけにとどまらず、愛の生活をさらに進化させようとしたことである。愛人との生活で得た世界よりもさらに高いところへと昇っていこうとする。「私」はキリスト教との出合いによって、たった一人の愛人から「万物と合一する愛」を追求する思想的生活に目覚め、過去の経験を深めながら愛の世界を極めていこうとした。その決意を昔の愛人に語ることで意志をより強固にしていて、「愛人」は「私」が思想的高みを得るための他者として機能していたと読み取れるのである。

以上、ここまでの要点をまとめたい。

まず、愛人という言葉が一八九〇年ごろから徐々に使われ始めた経緯を確認した。それは、恋愛論を唱えた北村透谷の長篇詩のなかに採用され、一九〇〇年代の家庭小説に描かれ、一〇年代には青踏社社員の小説に登場していたことがわかった。

そして愛人は、近代の女性解放論で妾の廃止ののちに一夫一婦の成立が目指されるなかで、そこで発動される恋愛の思想と不即不離の関係にあり、北村の長篇詩では、婚約関係にある男女の精神的な愛を称揚する文脈で、男性が愛する相手という意味で使われた。家庭小説でも、結婚のために精神的な愛を貫き通した二人のことを示していた。法的に妾が廃止されて一夫一婦の体裁が整ったあとに求められた結婚の内実に矛盾なくはまる存在、結婚までの恋愛の崇高性のなかで称揚される存在、近代家族の形成に向かってロマンチックラブイデオロギーを遂行する者、婚姻制度のなかに結実していく存在という位置に、愛人という言葉が据えられたことがわかったと思う。

一方、最後に指摘した斎賀琴の「昔の愛人に」は、前者の二つとは違って婚姻に直接つながる要素として愛人が使われていないようにみえるかもしれないが、主人公の「私」は愛のない結婚を強いた社会への批判意識を内包し、未婚のまま信仰の道で万物への愛を模索する道を選んでいる。これは一見すると婚姻制度の内側を志向するベクトルとは逆のようだが、この場合、婚姻関係の上位にキリスト教の神が置かれている。キリスト教は近代日本の性観念に多大な影響を及ぼした規範であり、「女学雑誌」の人々の一夫一婦も、このキリスト教思想のうえに展開されるものだった。キリスト教の神は、一夫一婦のうえに屹立して夫婦の愛を承認する側にある。つまり、「私」は人間同士が遂行する婚姻を超えて万人の婚姻を見届ける神の側に立ったのであり、婚姻制度への引力がより強まる文脈のなかで「愛人」が使われたのだった。

このように近代の「愛人」は、「妾」とは異なって婚姻に対する脅威や否定の対象ではなく、恋愛概念との関わりのなかで出現し、近代の一夫一婦のジェンダー規範構築の過程で肯定的に理解される言葉だったのである。

3　一九二〇年代の愛人像——文学作品・婦人雑誌・新聞から

恋愛概念の創造過程で、愛人という言葉が恋愛の相手という意味で使われるようになるのは北村透谷の恋愛論のころからだったが、その使用は当時はそれほど頻繁ではなかった。その後一九二〇年代になると、愛人という言葉は一般人でも目にふれることが多い新聞や婦人雑誌などに散見されるようになってくる。

近代日本の恋愛論を研究した菅野聡美は、大正時代は情死や恋愛スキャンダルが多発したために恋愛論の隆盛期だったことを示し、そのブームのさきがけになったものとして、一九二一年に発表された厨川白村の「近代の恋愛観」を挙げている。(46) そこで、二〇年代の文学作品、婦人雑誌、新聞を確認してみると、確かに恋愛に関する身の上相談や恋愛事件、恋愛物語に関する言説があふれているが、それらとともに、愛人なるものの姿が色濃く立ち上がっていることに気づかされるのである。

したがって本節では、一九二〇年代に書籍、雑誌、新聞など各媒体で目立つようになった愛人像を具体的に示すために、まずは厨川白村の「近代の恋愛観」を取り上げて、社会と恋愛思想の距離を捉え、愛人言説が一般の人々の前に出現するコンテクストを踏まえる。そのうえで、そうした時代状況のなかで出現する「愛人」について、文学作品、婦人雑誌、新聞から確認していくことにする。

厨川白村の「近代の恋愛観」（一九二二年）

恋愛至上主義を謳ったものとしてしばしば指摘されてきた厨川白村の「近代の恋愛観」は、一九二一年に「東京朝日新聞」に連載されたものであり、翌年、ほかの論説も収録して改造社から単行本として刊行された。全部で十二編の論考のうち、第一章は「ラブ・イズ・ベスト」という題が付けられ、「男と女との恋、そこには今も昔も変りない永遠性」があること、「東西古今を通じて男女の性愛には永久不滅の力が動いてゐる(47)」ことをその導入部で謳い上げ、読者をロマンチシズムの世界に誘導している。

その後に展開される厨川の恋愛論は、北村透谷が恋愛を人間の成熟にとって必要なものと考えた以上に、恋愛は人間にとってなくてはならないものであり、恋愛をしない、愛することができないということは「人間としての最大の不幸であり悲哀(48)」であると考え、恋愛が絶対であることを掲げていく。ここでは恋愛は厭世家という一ジャンルの人間が求める高尚な思想ではなく、もはやすべての人間にとって求められるべきものになり、恋愛言説の圧力が高められている。

そしてそのような恋愛を全うするにあたって、厨川はヘンリック・イプセンの『人形の家』を引き合いに出し、ノラのやり方は古いと指摘する。愛がある結婚をしたと思っていたが自分のことを認めていない夫の意識に気づいて夫のもとを去ったノラについて、厨川は「浅薄な古い女(49)」と考えた。ノラの時代を経過して、現在では人々が思慮深くなり、外面的なものが内面的になって「自己放棄に於ける自己主張」ができるまでに進んでいるのであり、「おのれの愛する者の為におのれの全部を捧げる事は、つまり最も強く自己を主張し肯定(50)」することになると、恋愛のための自己放棄へと読者を扇動するのである。

その趣旨からいえば、一九二一年に起こった浜田栄子の自殺事件は、厨川にとってはおおむね肯定的に考えられる事件だった。浜田栄子とは、二一年六月に殺鼠剤を飲んで自殺をした女性である。彼女が産婦人科の病院を経営する医学博士の浜田玄達の娘だったことから、その自殺事件は当時、新聞紙上でにぎやかに報道された。自殺の原因は、家の資産の相続問題から恋愛関係にあったいとこの結婚を許されなかったことにあった。自殺当時の浜田は十八歳だった。自殺の二年前、恋愛の相手である野口亮のもとに家出して妊娠までしたが、生まれてきた子どもは生後二日ほどで亡くなっている。また、自殺したときにもお腹に子どもがいたとされている。

この事実を踏まえると「堕落女学生」として批判の対象にもなりえただろうが、新聞では、浜田について「お茶の水の附属小学校時代に照憲皇太后〔明治天皇の皇后：引用者注〕の御前で名誉の講演をしたことのある才媛である」（「東京朝日新聞」一九二一年六月二十一日付）として、自殺を哀れむ趣旨の記事を掲載していることが興味深い。父親亡きあとの莫大な遺産の相続人だった浜田の美しい容貌の写真も掲載されている。世間からは高嶺の花として見られていたのだろう。

こうした新聞報道に煽られたのか、世間は浜田を「伝統の犠牲」になったものとしてその死を悼み、浜田家の財産管理を引き受け、結婚への反対を先導していたとみられる弁護士や、母親に対して非難が寄せられた。

浜田を「H婦人」として論じた厨川も、自殺の覚悟を称賛していた。しかし一方で、自己放棄による恋愛の徹底を説く厨川にとって、それでもその恋愛は「不徹底」だったという不満を漏らしている。男性のもとへ出奔した際に彼女が位牌を持ち出していたことから「世間並みの因襲や形式に引掛つて居た女」[51]と判断し、その意識ゆえ二人の生活に行き詰まって自殺の悲劇を演じることになったのではないかと理解している。厨川にとってみれば、浜田栄子の恋愛もまたノラと同じように外面的なものでしかなく、恋愛に対する修練が足りなかったということになるのだろう。

ちなみに、浜田の自殺事件は、新聞やその後刊行された事件の詳細を描く書籍が、浜田の恋愛の相手になった野口亮を「愛人」と捉え、センセーショナルに報道している。大澤米造はその著書『浜田栄子 愛の哀史』に次のような調子で記している。

栄子は死んだ。それは余りにもろい夏草の花のやうであつた。
栄子は死んだ、彼女は幻に愛人野口を確乎りと抱いて死へと旅立つたのだ。
栄子は死んだ、彼女は彼女の恋に狂ひ、彼女の恋を妨ぐる有ゆるものを憎しみ堪へ難い迫害の怨に炎ゑて死んだ。
佳人薄命の文字通に、栄子は十八の華やかな少女時代を、晴れて許されぬ人妻として、世間苦を雄々しくも戦ひ続けて死んだ。

百万円の遺産をもつ、世に時めいた博士の愛嬢として美しく生れた人の死としては余りに寂しい、余りに憐れ深い事である。

それだけではない栄子の腹には五ヶ月になる愛人の種を宿してゐたのだ（これにはそうではないといふ説もあった）、若しほんとだと何んなに人の母として苦しんだらう、愛しい嬰児を暗から暗に葬ることを何んなに心で泣たであらう、彼女は狂ひ死ぬ時まで一刻も忘れることの出来なかつた、愛人の手を取ることも許されなければ、末期の水で美くしい唇をうるほして貰ふことも出来なかつたのであつた。[52]

詩的調子でつづられるわずかな文章のなかに「愛人」が三回も使われている。浜田の死に同情し、恋愛に命をかけた浜田を肯定的にみるこの書の著者は、彼女の恋愛の相手だった男性を愛人と捉えている。北村透谷の長篇詩で一度しか使われなかった愛人という言葉が、およそ三十年後には市民権を得て、紙面に躍る様子を確認することができた。

話は厨川の恋愛論に戻るが、彼は恋愛言説の圧力を高め、恋愛のための自己放棄の徹底を説き、恋愛のために自殺した少女でさえもそれを不徹底だったと考えた。たとえ自由意志による結婚だったとしても、それが家名や財産を欲して決められたものならば批判されるべきであり、愛情がない見合い結婚は「強姦結婚」「和姦結婚」「売淫結婚」ということになった。このように、厨川にとって結婚に向けて恋愛をすることは絶対条件であり、その手は決してゆるめられることがないのである。

しかし、恋愛によって達成された結婚後の夫婦のあり方については、そのストイックな姿勢を崩し、一般的に許容できる論旨に書き換えられている。

外国に居て久し振りで食ふ米の飯は山海の珍味より美味いが、日本で毎日喰つて居れば何とも思はない。それは決して米に飽いたのでもなければ嫌つてゐるのでもない。否な米に対する愛着はますく〳〵深く内在的となつて居るのである。夫婦間の愛にも確にさう云ふ所がある。(53)

恋愛を遂行することについては徹底した姿勢を貫くことを論じていた厨川も、結婚の文脈に入るとその勢いが衰える。広く世間の人々にも手が届く、害のない穏当な思想へと変化するのである。こうした厨川の恋愛論に対して、菅野聡美は次のように指摘している。

導入部では「ラブ・イズ・ベスト」というロマンティックな恋愛賛美で人々を魅了しておきながら、落としどころは激しい恋愛も穏やかな夫婦愛や親子の愛に結実するという、平凡で危なげないものだった。(54)

北村透谷も厨川白村も「恋愛」が結婚という制度のなかで消失していくという認識のレベルは同じだったが、北村が結婚をネガティブなものと考えたのに対して、厨川は穏やかな夫婦愛の実現を示したという点が、この著作がベストセラーになった理由だと菅野は指摘する。「彼の主張は、結婚は恋愛にもとづくべしという一点さえ守れば、誰にでも実践可能に思える夫婦関係のすすめだった」[55]という指摘には納得させられる。

一九二〇年代に恋愛論の火付け役になった厨川白村の恋愛論は、恋愛における自己犠牲を説き、恋愛による結婚を絶対視し、それ以外の結婚のあり方を排除するほどの厳しさを示すものだった一方、結婚の文脈では「誰にでも実践可能に思える夫婦関係のすすめ」になりうる穏当な思想として、社会に容認されるものでもあった。こうして、巌本善治や北村透谷の時代から三十年後の大正期に至って、恋愛の価値は一般市民にも目指されるべきものとして広がり、人々の熱量が高まっていくのである。

文学作品のなかの愛人

さて、ここからは文学作品、婦人雑誌、新聞記事という三つの種類の資料を参考にして、恋愛論が流行するなかで示された一九二〇年代の愛人像についてみていく。

まずはじめに、文学作品に描かれた愛人について検討する。ここで取り上げる作品は、松岡譲の「憂鬱な愛人」と細田民樹の「愛人」の二つである。

松岡譲の「憂鬱な愛人」は、一九二七年から「婦人倶楽部」（大日本雄弁会）で連載がスタートするが四回で打ち切られたあと、第一書房から二八年に上巻、三一年に下巻が刊行された。細田民樹の「愛人」は、二六年から二八年に「婦女界」（婦女界出版社）に連載され、二九年に『現代長篇小説全集』第二十三巻に所収されて新潮社から刊行された。

愛人という言葉が一般的に使われるようになってきた一九二〇年代に、愛人という言葉を含むタイトルで二つの文学作品が発表されたことは注目に値する。タイトルには作者がその作品で語りたい核心的な要素が取り入れられていると考えて、作品から作者が「愛人」に込めた意味、また読者に受容された愛人についての社会的なイメージを分析する。

松岡譲の「憂鬱な愛人」(一九二七―三一年)

作者の松岡譲は夏目漱石の門下であり、漱石の長女の筆子と結婚して漱石の義理の息子(女婿)になったが、筆子との結婚前に、同じく門下の久米正雄と三角関係になっていた。筆子との恋愛に敗れた久米はそのことを「破船」(「主婦之友」一九二二年一月新年特別号―十二月号、主婦の友社)に描いたが、それを松岡が語り直したのが「憂鬱な愛人」である。

物語では、松岡は秋山、久米は三木、筆子は涼子という名で登場する。タイトルにこそ「愛人」という言葉が使われたものの、実は物語のなかでは、ラブレターを送る存在を愛人と呼ぶ以外は、具体的に誰か物語の登場人物を愛人として語る箇所がないことが特徴である。しかし、タイトルが示す「憂鬱な愛人」とは主人公の秋山のことだと考えられる。物語のなかで主人公は、友人と別れたあと、春先に実家に帰省したときなどにたびたび「憂鬱」の感情にさいなまれ、「憂鬱とは秋山の別名なのでもあらうか(56)」と回想する場面がある。「憂鬱な愛人」は、漱石の長女と友人との三角関係に陥り、結果、友人が離れていくことになった経過を時系列に書き連ねて、主人公の立場を「恋愛の遂行」によって弁護しようとした小説といえる。

実際の二人の結婚式は、一九一八年四月二十五日に執り行われているが、その結婚についての記事は、松岡自身の検閲を経て「東京朝日新聞」に掲載され、「一篇のローマンス」などと称賛されたという(57)。しかし松岡と久米の仲間だった菊池寛はこれを読み、松岡の立場の弁解ばかりだと憤慨したらしい(58)。松岡の結婚は、単に競争相手を蹴落として三角関係の勝利者になったということだけでなく、漱石の門下生仲間のなかで彼らの連帯とその秩序をかき乱した、仲間を出し抜く卑怯な行為として見下げられたのだろう。

そのためか、漱石の娘と一緒になる代償として友人を失った松岡が、その後十年あまりの時をおいて描いた「憂鬱な愛人」には、秋山と涼子の甘ったるい恋愛的感情の表現がちりばめられ、主人公の自己弁護に徹している感が拭えない。涼子の愛の関心がどのようにして三木から秋山に寄せられることになったのかということ、二人の関係のなかで恋愛の感情を募らせたのは涼子のほうであることなど、秋山に対する涼子の一方的な気持ちを書き連ねている印象が強い。だから、涼子との関係での秋山の当事者性を感じにくいのである。「自己正当化と妻正当化を図った小説(59)」という評価が後世で定まっていることに納得させられる。

愛人の問題に視点を向けると、この小説では著者の自己弁護のために小説のタイトルとして愛人が採用されたのではないかと考える。自分たちの結婚を、当時流行していた恋愛思想の基調になぞらえることで、仲間に見下げられた自分の行為の道徳的価値の回復をもくろんだのではないか。厨川の恋愛論で繰り返し強調されていた恋愛での自己犠牲の徹底というものが、松岡にとっては「友人を失う」ことに重ねられたのだろう。そして、当時は恋愛の遂行者として好ましい存在と認識されていた愛人を主人公の立場に据えたということではないだろうか。また「憂鬱」というネガティブな言葉を付け加えることで、恋愛の遂行者としてのストイックさを際立たせることができるという手応えもあったのかもしれない。その結果がどのような評価につながったかは別として、ここでは「愛人」が道徳的価値を高めるもの、自己弁護のための切り札として小説のタイトルに採用されたと考えられるのである。

細田民樹の「愛人」（一九二六―二八年）

プロレタリア作家の細田民樹によって書かれたこの物語には、愛人として語られる人物が複数登場している。まず主人公姉妹の姉の志摩子と妹の時枝である。二人は異母姉妹で、妹の時枝は父親が志摩子の母親の妹に産ませた娘であり、時枝は他人に預けられ、志摩子とは別々に育てられた。志摩子は裕福な家の一人娘として教育を受け、東京・荻窪の女子大学を卒業後も、大学に残って美学の研究を続ける知的エリートである。この姉妹は、新聞会社の社長の息子の日高をめぐって三角関係に陥るが、志摩子が身を引いたことによって、時枝が日高と恋人関係になった。しかし日高は時枝とは性的関係を続ける目的しかなく、時枝を稲毛の旅館に囲ったまま、大使の令嬢と結婚してしまった。このとき時枝は日高の子どもを妊娠していたが、この結婚を聞いて稲毛の海で投身自殺を図り、漁師に助けられる。日高との子どもはこの自殺未遂によって早産の末に亡くなるが、このことをきっかけにプロレタリア思想に目覚めた時枝は、プロレタリア劇団の看板女優として活躍し、その劇団で知り合った男性と結婚する。

姉の志摩子も日高と別れたのちに、日高の友人の画家・紺野と恋愛関係に至る。しかし紺野には同郷の幼なじみの令子という長年の恋人がいた。紺野と令子は愛し合っていたが、令子は親が決めた相手とすでに結婚していて、二人は一緒になれる運命にはないと諦めていた。志摩子はそうした紺野の事情をすべて承知のうえで、紺野と結婚することを決意する。しかし、結婚後に令子の夫が死んだことで紺野と令子の関係が復活してしまう。それに心を痛める志摩子だったが、令子は再婚してイギリスへ渡ることになり、波風が立った三人の関係は平穏を取り戻す。

この小説は「婦女界」での連載のあと『現代長篇小説全集』第二十三巻に所収されて新潮社から刊行されている。この書の口絵には断髪姿の時枝が描かれ、その口絵の下に「愛人の時枝」という説明がある。また、志摩子と紺野の関係、令子と紺野の関係では、三人はそれぞれ「愛人」とくくられている。

登場人物のなかで恋愛関係が輻輳しているのがこの小説の特徴だが、男性であっても女性であっても恋愛を遂行する人物のことを愛人と捉えていることがわかる。また、この小説の愛人たちは、恋愛によって命がけの困難にぶち当たるが、自己犠牲の精神を優先させることによってこじれた関係を修復し、志摩子、時枝、紺野、令子はそれぞれ幸せな結婚に至るということが特徴でもある。

興味深いことに、この小説が連載された「婦女界」では、女性読者たちが作者の細田民樹を囲む「愛人の会」（一九二八年四月七日、於：東洋ビルディング）という講演会が開催された様子が報じられている。「愛人」は映画化もされたようであり、ひとつの社会現象になっていたことがうかがえる。

盛会！盛会！盛会！散会を宣しても、誰一人去りやらず、先生方を取りまいて、再び、自由快適情熱的な談話会が開かれました。

時のうつるのを惜しみつゝ、楽しい、感銘深い愛人の会は閉ぢられました。が、感激と歓喜の深さに、立ち去る者もなく、こゝに第二次的の会が打ち続いて開かれて、いやが上にも当日の感興と印象を深くいたしました。[60]

これは「愛人の会」の盛況を伝える記事の一部である。「愛人の会」という名前が現在の文脈で使われていたとしたら、私たちは倫理的に堕落した感じを受けるのではないか。しかし一九二〇年代には現在とは全く異なり、肯定的な意味でこの言葉が使われていた。当時、女中（家事使用人）や女工（工場労働者）、農業従事者が圧倒的多数だった女性の就労状況で、研究者として成功する志摩子、女優として活躍する時枝の職業婦人像は、近代的女性の生き方として華々しく感じられただろう。

また、一九二〇年代に台頭したモダンガールについて、当時の女性たちの「欲望」という観点から論じた斎藤美奈子が指摘する[61]ように、女性の出世は立派な職業人になることだけでなく、立派な家庭人になることでも実現できるのであり、紺野との離別、夫との死別を経験したあと、再婚した夫とともにイギリスに渡って新生活を始めた令子の生き方もまた、当時の女性たちが憧れるものだったろう。このような近代的女性の生き方に加えて、恋愛の思想実践を徹底する近代人としての道徳的価値が付与されたこともあって、「愛人」が女性たちから熱狂的に受け入れられた状況を理解することができる。

婦人雑誌のなかの愛人

愛人の言説が顕著になる一九二〇年代、その直前には婦人雑誌の創刊が相次いでいる。これらは、「愛人」を考察する格好の資料として注目できる。以下、主なものを挙げる。

「婦人世界」（実業之日本社―婦人世界社、一九〇六年創刊）、「婦女界」（同文館―婦女界社―婦女界出版社、一九一〇年創刊）、「婦人公論」（中央公論社―中央公論新社、一九一六年創刊）、「主婦之友」（主婦之友社―主婦の友社、一九一七年創刊）、「婦人倶楽部」（大日本雄弁会―大日本雄弁会講談社―講談社、一九二〇年創刊）

婦人雑誌の相次ぐ創刊の背景には、女子の中等教育の展開という事情があった。一八九九年の高等女学校令によって、全国に公立の高等女学校が設置され、女子教育の制度化が図られたのである。とはいえ高等女学校の教育水準は、性差を肯定した性差別体制を敷いていたため、男子の中学校と比べると低かったとされているが、[62]その教育の広まりによって、雑誌の読者層を確実に輩出することができるようになった[63]という歴史的状況を押さえておきたい。

そして様々な婦人雑誌が刊行されたが、一言で「婦人」といっても、読者は既婚者の主婦だったり、未婚者のタイピストや教師などの職業婦人、または工場労働者だったりと、女性が位置する階級は多層構造になっていたことも踏まえておきたい。そのため雑誌によって特徴が異なる。例えば「高級婦人雑誌」を目指した「婦人公論」は、女学校を卒業した読者にとっても難解なところがあったようで、中流家庭の高学歴女性向けの雑誌としての位置を確立していった。[64]一方、「婦人倶楽部」は、大正期の主要な婦人雑誌のなかでも後発だったが、女学校を卒業した者から小学校しか出ていない者まで学歴に関係なく読まれていたことが指摘されている。[65]木村涼子の研究によると、一九三四年に実施された百貨店と簡易保険局に勤務する職業婦人対象の読者調査では、愛読雑誌の第一位は「婦人倶楽部」であり、「婦人公論」は第三位である。翌三五年に工場労働者を対象に実施された調査でも一位は「婦人倶楽部」であり、「婦人公論」は六位でわずか三%しか読まれていない。[66]

そして本節で分析の対象として取り上げるのは、前述の一九三五年の調査では第二位だった「主婦之友」である。「主婦之友」は、石川武美によって創刊され、「「中流以下の主婦」に焦点を絞り、実用記事中心の平易で親しみやすい誌面づくりを心掛けた[67]」雑誌だったとされる。読者には既婚者だけでなく未婚者もいたが、それは将来の主婦予備軍の女性ともいえ、インテリ層を主体とした「婦人公論」よりも「低い学歴層を含むサラリーマン層及び農・商・工の中小自営業主など、広範な層[68]」に読まれるものだったと指摘されている。発行部数は、大正末期には二十万部、一九三四年には百万部を超えている。

このように、一般庶民の妻である女性、またはいずれ妻になる女性たちに読まれていたという点が、「主婦之友」を本節で取り上げる理由である。恋愛概念の創出に伴い、「愛人」は男女ともに知識人階級から好意的に考えられていたことは前項で確認したが、ここでは一九二〇年代の妻になるべき一般女性の言説の場で愛人がどのように理解されたかをみていく。

「主婦之友」のなかの愛人

「主婦之友」のなかの愛人については、目次に「愛人」と記載されている記事を対象とする。調査にあたっては国立国会図書館のデジタル資料を利用し、欠号のものは石川武美記念図書館で調査した。その結果、一九二〇年から二九年までの間に、記事タイトルに「愛人」が含まれていたものは十六件確認された。そのうち十五件は、女性読者による投稿、告白記事である[69]。また、番号三から五、六から八、十二と十三、十四と十五は特集記事である。女性による記事の全体像を表３に示す[70]。

恋人・妾の意味としての愛人

女性読者による十五件の投稿記事の内訳は、未婚女性によるものが六件、既婚女性によるものが九件である。未婚女性は自由恋愛の相手やお見合いによる婚約者を、既婚女性は夫が交際している女性や過去の自由恋愛の相手を「愛人」としている。表からは除外したが、男性による投稿記事のなかでも、結婚前に思いを寄せていた女性を愛人と述べている。まずこの傾向から愛人とは、婚姻にかかわらず交際する相手という意味で使われていることがわかる。

刊行年・号	記事投稿者	愛人	結末
1920年7月号	未婚	見合いによる婚約者	破綻
1921年2月号	未婚	見合いによる婚約者	破綻
1921年10月号	既婚	夫の交際相手	婚姻継続
	既婚	夫の交際相手	婚姻継続
	既婚	夫の交際相手	婚姻継続
1922年10月号	既婚	過去の自由恋愛の相手	婚姻継続
	既婚	過去の自由恋愛の相手	婚姻継続
	既婚	過去の自由恋愛の相手	破綻
1923年5月号	未婚	自由恋愛の相手	破綻
1925年2月号	既婚	夫の交際相手	婚姻継続
1926年1月号	未婚	自由恋愛の相手	先行き不透明
1927年7月号	既婚	夫の交際相手	婚姻継続
	既婚	夫の交際相手	破綻
1929年9月号	未婚	自由恋愛の相手	破綻
	未婚	自由恋愛の相手	破綻

表3　「主婦之友」の1920年代の「愛人」記事の全体像（筆者作成）

番号	記事タイトル
1	婚約中の愛人が不品行の為に
2	一家の犠牲となつて愛人とも離れて独身生活をする私の身の上
3	良人に愛人のできた場合の態度（一）夫を初恋の人に与へて愛児と共に名のみの妻で暮らしてゐる私
4	良人に愛人のできた場合の態度（二）私の親友と恋に陥ちて家出した良人が再び戻る迄の苦き思出
5	良人に愛人のできた場合の態度（三）女に眼の無い放逸な良人を持つた若き妻の悔と悩みとの生涯
6	愛人を離れて結婚した婦人の告白（一）初恋を捨てゝ十七違ひの良人に嫁した私が真の愛に生きた経験
7	愛人を離れて結婚した婦人の告白（二）結婚を約した恋人を離れて気の進まぬ結婚をした私の十三年間
8	愛人を離れて結婚した婦人の告白（三）恋人を胸に秘めて気乗りのせぬ結婚をした私の悪夢の如き五年
9	裏切られた愛人の不幸な死
10	夫に愛人のあるを知らず後妻となつて悩んだ数年間
11	愛人と結婚し得ぬ処女の訴へ
12	夫に愛人が出来た場合に如何なる方法を講じたか？／結婚後十八年目に愛人のため家出した夫を良心に立返らせる迄の苦心と奮闘
13	夫に愛人が出来た場合に如何なる方法を講じたか？／職業に働く為に家庭を留守にした間に夫婦愛に破綻を生じて離婚となつた私
14	愛人を横取りされた婦人の経験（一）許嫁の愛人を出戻りの姉に奪はる
15	愛人を横取りされた婦人の経験（二）美貌の友に愛人を奪はれた悲恋の思出

そのなかで、自由恋愛をした未婚・既婚者の七件のうちで記事タイトルには「愛人」を含むが、本文中ではその存在を「恋人」としているものが一件（番号七）、「愛人」としているものは三件（番号十一・十四・十五）、「A」「従弟」など固有の名称で示しているものが二件（番号六・九）あった。また、記事中に「愛人」と「恋人」の両方が使用されているものもあった（番号十四）。ここでは「愛人」と「恋人」の意味に書き分けがされていることは確認できない。

そして既婚女性の九件のうち六件は、夫が自分以外に交際している女性のことだった。結婚前から夫が交際していた、結婚後に自分の知人と駆け落ちをしたなどの場合があるが、いずれも愛人は夫と肉体関係にあったり、一緒に生活するという関係を築いていて、二人の関係は未婚女性と愛人の場合よりも深く込み入って湿った雰囲気を醸し出している。また、その記事のうち「夫に愛人のあるを知らず後妻となつて悩んだ数年間」（番号十）という記事では、タイトルには愛人という言葉が使われているが、記事中では女性は「お妾さん」と語られている。この記事の投稿者は、叔父の世話を受けて商家の後妻として嫁いだが、夫は芸妓を落籍して囲っていて、前妻はそれを苦にして病で亡くなったという事情があった。しかし、夫の経済事情が悪化したことで、その「お妾さん」は再び芸妓生活を始めて同業の板場の人と結婚し、夫も俸給者になり生活が安定したことで自分の生活も平穏になったことを告白している。

前妻が亡くなったあとに夫と「お妾さん」の二人は一緒になるつもりでいたが、結局は後妻である投稿者が夫と結婚することになったという事情から、身分による問題が生じたことが考えられる。また芸妓ということから、第1章で指摘したように、この女性は、明治期の妾の位置にあるものとして理解できる。愛人という言葉があふれ出たこの時期に、「妾」が「愛人」としても語られている現象を確認できるのである。

妾を廃止し、明治民法で一夫一婦制度の原則を立ち上げたにもかかわらず、実態としては一夫一婦の観念は十分ではなく、男性が複数の女性と交際するという事態はなくならなかった。明治期には夫と交際する女性は「妾」として問題化されていたが、その問題構造はつながったまま一九二〇年代に入り、それが「愛人」という言葉で覆われるようになったという事情があるのだろう。

とはいえ、「妾」と「愛人」がつながるのは六件の記事のうち一件だけであり、ほかの女性像をみてみれば、短歌を詠む妻の知人であり「短歌会の女王」といわれた女性（番号四）、「教育もあり品性も善良なお方」（番号三）、丸ビルに会社勤めをする夫を「早朝から美々しく着飾つて」訪ねてくる女性（番号十三）というものである。これ以上は記事に女性の職業や属性を示す要素がないため具体的な考察は難しいが、少なくとも芸妓や奉公人だった明治期の妾とは異なる女性像が出現している。

愛人という言葉の器のなかに、恋人としての意味と、従来の妾の意味が入り乱れている様子がわかる。これは戦後にも続く状況であり、戦後の愛人を議論する際に必要な視点になるので、この点を留意しておきたい。

愛人関係は破綻／婚姻関係は継続

さて「主婦之友」の投稿記事で「愛人」が意味しているものについて整理したが、次に未婚女性によって語られた恋人・婚約者としての愛人、既婚女性によって語られた過去の自分の恋人としての愛人の九件の記事についてみていこう。

この九件の記事は未婚・既婚いずれも婚姻前に交際していた相手との関係を吐露するものであり、その愛人との結婚が思うように達成できない（できなかった）ということが記事の趣旨である。未婚者の自由恋愛の記事四件中三件はその恋は実らず破綻し、残りの一件も、この先結婚の願いがかなうかどうかの先行きは不透明のまま終わっている。お見合いによる二件の記事も、その関係はうまくいかず破綻している。また、既婚者による過去の愛人についての記事三件でも、そのすべてが破綻している。いずれも愛人とは結ばれず、お見合いしたほかの相手と婚姻関係に至っている。つまり、婚姻前に交際している愛人との関係はうまくいかず、関係がほぼ解消されているのである。

一方、夫の交際相手を問題にした六件の既婚者の相談では、愛人の存在に悩まされながらも、夫との婚姻関係が完全に破綻したのはわずか一件だけである。番号三の記事では、愛人の立場を気遣って形式的には離縁しようと思っているというが、夫からはいままでどおり家にいてくれと言われ、また投稿者も夫と築いた関係（義父・子どもとの生活）は維持しようとする意志のほうが強く、名目だけの婚姻関係を続けている。そして六件のうち四件は、夫が愛人との交際について改心して「家の人」になり戻ってきたという結末であり、妻もまた夫への愛情を再確認して現在はその困難を乗り越えたからこそ充実した結婚生活を送っているという論旨で記事がまとめられている（番号四・五・十・十二）。すなわち「主婦之友」の記事のなかに出てきた「愛人」は、未婚女性であれ、既婚女性であれ、「愛人」が恋人・婚約者・夫の交際相手であれ、ほぼその関係は破綻しているということである。一般女性の言説の場で「愛人との関係は破綻する」という現実が構築されているのである。

加えて、夫の愛人に対する妻の語りにも注目したい。それは決して否定的なものではなく、相手の立場に配慮する心情が目立つのが特徴である。

例えば先の愛人＝妾の記事でも、妻は「そのお妾さんも可哀相に思はれてなりませんでした」「私は後でその話を聞いて気の毒でなりませんでした。私は是非お妾さんにも会つて、お詫をしたいやうにも思ひました」（番号十）と語っていて、その存在を排除していない。さらに、愛人の存在によって婚姻が破綻した妻の語りでは、自分が仕事のために夫と別居生活を送ったことを後悔し、「少しの忍耐と、女性としての技巧なり、男性の心理に対する理解なりがあつたなら」（番号十三）と述懐していて、愛人の存在が、自分の結婚に足りなかったのは何かを知らせているのが読み取れる。つまり、愛人は夫婦生活に波風を立てるものだったが、一九三〇年代の新聞の身の上相談に登場する妾のように排除されることにはならず（第3章で詳述する）、結果として愛人の存在によって妻は夫への愛や生活を維持する意識に目覚め、結婚生活の発展に及んでいるのである。ここから夫の交際相手としての愛人は、かえって妻を婚姻制度の内側に仕向ける契機になっている。

こうした様々な立場からの愛人に関する話から浮かび上がることは、愛人の存在を契機に婚姻関係を維持・発展させる妻と、男性との関係が実を結ばない愛人であり、そのような群像が一九二〇年代の主婦言説の場で構築されていたということである。

恋愛を遂行する

これまでみてきた「主婦之友」の言説は、厨川白村の「恋愛論」がブームになっていた一九二〇年代のものである。自由恋愛による恋人を得ても結婚まで至らず、それがたとえ見合いであっても、婚姻前の愛人との関係はうまくいかず破綻を迎えていることを示したが、結果とは別に、記事のなかでは相手の男性とどのような恋愛がおこなわれたかを記し、その関係に悩む女性の姿をみることができる。

例えば、姉に愛人を横取りされた未婚女性の記事では、その愛人との関係を「私達の幼い友情は、何時しか恋愛に変つてをりました。けれども、それはほんたうに真面目な、純な、美しいものでした」（番号十四）と自分の恋愛を語っている。また初恋の愛人との関係を断ち切り、見合い結婚をしなければならなくなった女性の記事では「物心のつく頃から、深く愛し合つて、婚約まで結んだ従弟との縁談も、先方の姉の思ひもよらぬ誤解から父の怒りを買ひ、血を吐くやうな切実な従弟の頼みも、父の怒りを解くに至らず」（番号六）破談になったと、嘆かわしい心情が吐露されている。

さらに、たとえその関係が恋愛ではなく見合いによるものだったとしても、自分たちの関係がいかに愛によってつながれたものであるかを記すものが目立つ。例えば女学校時代に見合いをしたあとの心境として、「其の後生れ変つたもののやうに精神状態が一変致しました。一週一度の日曜が唯一の楽しみとなり、H氏の来遊を待つ身となりました」（番号一）と心が恋に騒ぐ様子が語られている。さらに、自由恋愛による愛人との関係が破綻したあとに見合い結婚をした既婚女性の語りでは、夫から愛されていることを知り、夫を信じて頼っていれば少しの不安も焦りもなくなること、自分は幸福だということに気づき、「やはり最後の勝利は真実の愛にあるのでした」（番号六）と言って、当初はいやいやながらの結婚だったが、いまはその結び付きに真の恋愛関係をみようとしている。同じく愛人と別れて見合い結婚をした既婚女性は、宣教師の助言によって長年の結婚生活のなかでの苦悩がようやく晴れ、「昔の恋人を忘れても、心に淋しさを覚えないやうになりました。乾燥無味な家庭の砂漠にさまよふこと十三年、心の辛苦空しからず、愛の泉を発見いたしました」（番号七）と夫婦の間にこそ求めていた愛の生活があったという気づきを記している。

しかしこうした経験談は、親の意向や家の関係が優先された関係に、とってつけたような印象を与えている。恋愛ではなかったはずなのに、恋愛のように語ろうとするとは一体どういうことなのだろうか。

これはおそらく、厨川白村の恋愛論のなかで精神的な結合ではない婚姻関係は破綻すると論じられたことが影響を与えたものと考えられる。恋愛による結婚を絶対視した厨川の恋愛論ブームは、家の都合などで実際には恋愛結婚が困難だった女性たちをかえって追い詰めていたのではないだろうか。恋愛結婚が知識人の言説のレベルで盛んに称揚されているにもかかわらず、一般の女性の場合、現実には恋愛結婚の達成が難しいという状況のなかで、無理やりにでも「恋愛」としてしまおうという女性たちの心情が形成されているのである。

そして、男性の心変わり・浮気が問題になった記事は未婚女性では四件、既婚女性では六件あったが、未婚女性の四件はすべて破綻、既婚女性は一件を除き婚姻関係を継続している。これは厨川式にいえば、未婚女性の場合は恋愛が不徹底だったということになるのかもしれないが、この事態は、視点をずらせば、男性の心変わり・浮気の問題は、婚姻関係のなかで折り合いをつけたほうがうまくいくということを示している。結婚を「毎日喰う米」と比喩して「穏やかな夫婦愛」の実践を説く厨川の思想は、結婚後にまでストイックな恋愛の遂行は求めていなかった。それは裏を返せば、結婚後に生じた問題は波風立てずに、その関係のなかで処理することが求められたということであり、性のダブルスタンダードのもとで妻は半ば妥協するようなかたちで家庭を取り仕切るしかなかった。夫に愛人がいても別れるのではなく、夫への「愛」を唱えることによって婚姻関係を維持する方向に意識が向けられたということだろう。

そして未婚の場合、恋愛を徹底することが奨励されていたが、その徹底が無理なら――いやなら――愛人関係を解消することが許されたということなのだろう。一方、妻はいやになっても夫婦関係を解消できないうえに、そういう感情でさえ「愛」という言葉に置き換えて、婚姻制度のなかにとどまることを余儀なくされた。妻が婚姻制度にとらわれていく事情については、第3章の一九三〇年代の議論で詳しくふれる。

ちなみに、夫に浮気をされた既婚女性のなかで唯一離婚に至った女性は教師であり、平日は夫と別々の暮らしを送る自立志向が強い女性だった。夫婦関係に問題が生じたときにその関係を解消してそこから脱出するには、妻に経済力・自立心という要素がなければならないという状況もこの事例からうかがうことができるのである。

新聞のなかの愛人

最後に、新聞で報道された「愛人」についてみていきたい。具体的には、有名人の男女関係をめぐるスキャンダル記事からその語られ方を検討する。文学作品では「愛人」が好ましい存在とされる傾向にあったことをみてきたが、新聞記事の「愛人」は、戦後の愛人像にもつながる、また別のまなざしが向けられている点を示したい。

一九二〇年代以前に報道された恋愛事件として、〇八年に起きた平塚らいてうと森田草平の煤煙事件（一九〇八年）や、伊藤野枝、神近市子、大杉栄の三角関係による日蔭茶屋事件（一九一六年）がある。この二つの事件記事を「東京朝日新聞」で調べてみると、以下のように「情婦」「情夫」という言葉が使われているが、愛人という呼び方では報道されていなかったことがわかる。

煤煙事件の報道見出し（一九〇八年三月二十五日付）

「自然主義の高潮　▽紳士淑女の情死未遂　▽情夫は文学士、小説家　▽情婦は女子大学卒業生」

日蔭茶屋事件の報道見出し（一九一六年十一月十日付）

「大杉栄情婦に刺さる　被害者は知名の社会主義者　凶行者は婦人記者神近市子　◇相州葉山日蔭の茶屋の惨劇」

ここで、平塚らいてうや神近市子という「青踏」で活躍した近代女性のパイオニアが「情婦」として報じられていたことは注目しておいていいだろう。ロマンチックラブイデオロギーを遂行し、婚姻制度に親和的な存在としての愛人ではなく、彼女たちは自由恋愛をするが婚姻関係に至る前、またはその外部でスキャンダルを起こしていた。そのような存在は「情人」(情夫・情婦)として捉えられていたのである。

しかし一九二〇年代になると、このような存在は情人ではなく愛人として新聞で報道されるようになっていく。[71] 前述したように、二一年に起きた浜田栄子の自殺報道に際しては、その相手の野口亮が愛人と報道されている。また、同年に起きた歌人の柳原白蓮と宮崎龍介の報道記事でも、柳原の相手になった宮崎龍介について「悩みの生に新しく得た愛人」(「東京朝日新聞」一九二一年十月二十二日付)と報じられた。[72] このとき柳原には筑紫の炭鉱王と呼ばれた伊藤伝右衛門という夫がいたが、彼女は未婚で年下の宮崎と恋愛関係になり、夫のもとを出奔するというスキャンダルを起こしていたのである。平塚や神近の事件がこの時期に起こっていたとしたら、おそらく「愛人」と報じられたことだろう。二〇年代の新聞記事では、婚姻外での恋愛関係を結びスキャンダルを起こすような情人であっても愛人という語で書かれるようになっているのである。

ほかに、一九二三年に起きた有島武郎と波多野秋子の情死事件でも、その衝撃を伝える第一報の新聞見出しには「軽井沢駅の別荘で有島武郎氏心中　愛人たる若い女性と　別荘階下の応接室で縊死」(「東京朝日新聞」一九二三年七月八日付)と、有島の相手である波多野秋子が大々的に愛人と報道されている。自殺当時、有島は独身で、波多野秋子には夫がいた。

さらに、恋愛スキャンダルとして報道された徳田秋声と山田順子の関係については、徳田の相手である山田順子が愛人として報じられ、その日常生活の様子が次のように伝えられている。

文壇の老大家徳田秋声氏の愛人であり、氏の最近の創作のインスピレーションの源であり、今では婦人雑誌界の作家でもある山田順子さんは遂に断髪してモダン・ガールの外套をとゝのへることにきめた。

（「東京朝日新聞」一九二七年三月十二日付）

徳田と山田の関係が交際に発展した当時、徳田は長年連れ添った「糟糠の妻」を亡くした直後であり、山田の場合は金銭問題を抱えた夫との離婚後のことだった。

一九二〇年代になると、新聞で恋愛事件を報じる際には、相手を愛人と書くようになったことが確認できる。そしてそれは、男性であっても、女性であっても、また既婚、未婚を問わず恋愛関係にある者を示すと理解されているのは、婦人雑誌や小説の場合と同じである。

加えて新聞のスキャンダル記事では、有名人のパートナーが「愛人」としてくくられている。柳原白蓮と宮崎龍介の場合、柳原のほうが世間で知られているため、宮崎が愛人とされた。文学者として名前が知られた有島武郎と徳田秋声の場合は、その相手の女性が愛人として報道されたということだと考えられる。

そして、愛人へ向けられる「恋愛を遂行する近代人としての好ましさ」はなくなってはいない。文学作品にみられたように新聞報道にもまたそうした見方を確認することができる。

例えば、柳原白蓮と宮崎龍介の恋愛事件では、柳原が伊藤伝右衛門に送ったという手紙が新聞紙上に掲載され、その記事では「一行一行悲痛なる涙の告白」として柳原に同情が寄せられている。公開された手紙は次のようなものだった。

貴方の家庭は私の全く予期しない複雑なものでありました私は此処にくど〳〵しくは申しませんが貴方に仕へてゐる多くの女性の中には貴方との間に単なる主従関係のみが存在するとは思はれないものもありました貴方の家庭で主婦の実権を全く他の女性に奪はれてゐたこともありましたそれも貴方の御意志であつたことは勿論です（略）私には一人の愛する人が与へられそして私はその愛によつて今復活しやうとしてゐるのであります

（「東京朝日新聞」一九二一年十月二十三日付夕刊）

実は柳原の手紙は本人が書いたものではなく、宮崎とその友人たちによって書かれたものであり、「マスコミ報道を利用して、夫伝右衛門の非道と結婚を強調した実家の非を訴え[73]」たものだったと指摘されている。確かに紙面では、妻をないがしろにして家の使用人と関係を結ぶ夫の専横に耐え忍んだ哀れな妻が、愛によってそのみじめな生活からの脱出を図ったという路線が敷かれ、妻を苦しめた夫に非があるかのように読者の視点が誘導されているといえるだろう。

また、この報道は一九二一年のものだが、このときちょうど厨川白村の『近代の恋愛観』が「東京朝日新聞」に連載されていて、その読者が柳原と宮崎の事件について次のような感想を投稿している。

◇真の恋愛は人格と人格の結合である。魂と魂との接触である。其の間何等利害、家名等を挟むべきではない。これは白村博士の論理に俟つまでもない事である。

◇白蓮と伝右衛門との結婚は勿論人格と人格との結合ではなかつた。魂と魂との接触ではなかつた。（略）

◇白蓮も、伝右衛門も、宮崎君も総て各の辿るべき路を通つたにすぎない。徒らに不合理の結婚生活を続けるのは、各の生活をきずつけるばかりである。

◇白村博士が筆を極めて罵倒せらるゝ所謂道学者達は、今度の事件に於ける白蓮を目して或は不貞なりと攻撃するであらうが（勿論私も貞であるとは云はない。併し貞ならざればすぐに不貞なりとするのはすこし早計にすぎる）不貞なりとする以前に、白蓮をして彼らの所謂不貞たらしめた因果を神様の様に大切に固持して居る自分達の暗愚を省みるが良い。

（「東京朝日新聞」一九二一年十月二十五日付）

この記事では、柳原と宮崎の関係は決して「貞」（正しい）とはいえないが、だからといって「不貞」とも断定できず、それよりも恋愛なき結婚生活を送ることのほうが問題だと考えられていることがわかる。恋愛の徹底を図った厨川の思想が一般読者に浸透している様子がここから見て取れ、また、恋愛という価値観が持ち込まれると婚姻外の関係でも許容される状況をうかがうこともできる。

しかしながら、「有夫の妻」だった柳原の行為は、当時の法律では姦通罪に問われるものだった。当然、それに対する批判も相次ぎ、柳原の実兄はこの事件のために貴族院議員を辞任している。事件のあと「東京朝日新聞」に寄せられた四百十二通の投書について調べた菅野の研究によると、投書の内訳は賛否両論だったが批判のほうがやや多かったという[74]。

羨望と危険視

次に有島武郎と波多野秋子、徳田秋声と山田順子の記事についてみていく。柳原白蓮と宮崎龍介の場合は、柳原のパートナーである男性の宮崎が愛人と報じられたが、この二件については、文学者のパートナーである波多野と山田が愛人とされた。この二件には、愛人が女性であること、その相手は権威ある文学者であり、長年寄り添った「糟糠の妻」がいたという事情に共通点がみられる。

有島武郎と波多野秋子の自殺は、一九二三年六月に有島の軽井沢の別荘で遂げられた。遺体が発見されたのは約一カ月後だったが、その衝撃を「東京朝日新聞」七月八日付が報道している。前述のように第一報を伝える見出しに、有島の相手が「愛人たる若い女性と」と報じられたのは、この時点で女性の身元の詳細がわからなかったからだと考えられる。翌日以降の報道では、愛人ではなく「波多野秋子」という名前で報じられるようになった。

翌九日の朝刊には、波多野の詳しい情報、関係者の証言による裏付けが取れたためか、二人の遺書とともに事件の詳細が掲載され、それから数日間、事件の続報を伝える記事でにぎわっている。

そこでは愛人・波多野の人物像が以下のような見出しで報じられている。

①「悲しい恋に離婚を求めた秋子　文士仲間で評判だつた美人　有島氏が死の決心」（「東京朝日新聞」七月九日付）
②「妖女的な眼　それで見据ゑられると大抵な男は竦んだ」（「東京朝日新聞」七月九日付）
③「立派な婦人だつた　優れた文才」（「東京朝日新聞」七月九日付）
④「相手の女は波多野あき子　雑誌『婦人公論』の記者」（「東京朝日新聞」七月九日付夕刊）
⑤「あき子から迫られて有島氏は死んだ　短い間の恋の燃焼」（「大阪朝日新聞」七月十一日付夕刊）

有島の心中相手の身元が判明したあと、「愛人」と報じられた波多野は前述のように語られている。文学者仲間の間では知られた美人だったこと、それに加えて男性をすくませるほどの「妖女的な眼」をもって文学者を死に至らせる魅力があり、また容姿だけではなく文学的才能もあったという才色兼備の人物像がこれらの見出しから浮かんでくる。そして、その女性は「婦人公論」の雑誌記者という職業婦人でもあったのである。

このなかで見出し②の記事は、作曲家・山田耕作によるものである。山田は記事のなかで「秋子さんは派手な様で暗い人でした、妖女的な感じのするあの黒い大きな眼で見据ゑられると大抵の男はすくんで了ふでせう」と評している。また、見出し⑤の記事で、心中をもちかけたのは波多野秋子のほうだったと証言したのは有島の友人で出版業を営んでいた足助素一だった。社会的地位がある彼らの話は読者を納得させたことだろう。

これらの記事では、夫がいた波多野秋子の不貞をとがめるような主張はあまりなく、またそのような女性と一緒になった有島の責任を問う声も大きくはない。それよりも、残された有島の三人の子どもの今後が心配されている。また、のちに波多野の夫が有島に対して金銭を要求したことが発覚し、その行為に対する非難の声が上がるようになった。

さて、徳田秋声と山田順子の場合は次のようなものである。徳田と山田が恋愛生活を送るようになったのは、一九二六年一月に徳田の妻が亡くなった直後のことである。山田順子は前年に夫と離婚（二月）、その後小説『流るるままに』（聚芳閣）を出版し（三月）、女性作家として自立した生活を目指していたが、妻亡きあとの生活を心配して徳田の家に同居したことで交際が発展していった。『流るるままに』は徳田の後押しがあって出版に至っているが、刊行に際して、徳田秋声、久米正雄、菊池寛などの推薦を得て「日本のノラ現る!!夫を捨て、三人の子供までも振切つて、新しい世界を創作の筆に求めやうとする女性」という広告が打たれている（「東京朝日新聞」一九二五年四月十一日付）。夫とともに二人三脚で出版準備を進めていた山田だったが、夫の金銭問題の解決の見通しが立たなくなったため、刊行直前に二人は離婚している。小説で描かれたとおり、夫のもとを去り、自立する近代女性としてその人生を歩みだそうとした矢先に徳田秋声と恋愛関係になり、その交際が恋愛スキャンダルとして報じられることになった。徳田の妻が死んでまもなくの時期だったこと、山田が二十六歳の美人であり、『流るるままに』の作者だったことから、スキャンダルとして扱われた。

創作の筆をとつて秋声氏に見てもらつてゐるが、敬慕は今や恋となつてゐることさへいはれてゐるが、何分理智に勝つた秋声氏はある垣をチャンとこしらへてゐるので、彼女は初めて安住の地を得ながら、心の底からわく悩ましさを最近原稿紙の上に走るペンにもらしてゐるといふ、順子さんのこの心尽しと秋声氏のやさしい導きの生活が、遂に結婚のうはさを生むに至つたものらしい

（「東京朝日新聞」一九二六年四月十六日付）

結婚の噂があるとして世間から注目されたことがこの記事から理解できるが、しかしその論調は批判的なものではなく、恋愛生活を送る二人に対してエールを送るものだった。山田については堅実に作家生活を歩み、その生活を起点に二人の関係を構築するものとして肯定的に捉えられていることがわかる。その後、二人は徳田の子どもと山田の子どもの養育問題をめぐって争い、山田が徳田の家を飛び出したことなども報じられたが、それらの報道から一年後、前述のように髪の毛を切ってモダンガール風の風貌にしたというだけで記事になるほど、徳田の愛人の動向は注目されるようになっている。

また新聞だけでなく、二人の交際は婦人雑誌でも特集が組まれるほどだった。「婦女界」の記者は徳田秋声の自宅に二人を訪ね、そこで聞き出したことを記事にしているが、この記者は、それまでの報道から次のような興味を抱いていたことを記している。

若くて美しい山田順子さんが、幾度結婚されたといつて、別に驚きも致しませんが、徳田秋声氏は先夫人を失はれてまだ半年にもなりませんし、亡くなられた夫人は、全くの糟糠の妻であり、且つ氏を今日に至らしめるためには、可なりに夫人の力が預つてゐたことを、氏自身も十分認めてもゐられた程の良妻であり、賢母であつたのと、氏には既に二十三才にもなる長男を初め、六人もお子様のあること故、果してそんなことが？と一寸は誤伝かとさへ感じたのでした(75)

新聞とは異なり、婦人雑誌という性質からかここでは女性（妻）の立場からこの二人のスキャンダルを眺めていることがわかる。徳田には非の打ちどころがない前妻と、立派に育った成人の子どもがいるにもかかわらず、そのような家族に、なぜ前妻が亡くなって日も浅いのに若い女性を迎えることになったのだろうかという妻の立場からの視線が向けられる。しかし、インタビュー記事の最後には、徳田の子どもたちを引き取り、自分の子どもとともに力を捧げていくという山田の覚悟を聞き出して記者は納得する。二人の恋愛生活には、養育という問題はあるが、「お母様としての務めが重うございますこの場合お子様の問題で、先生から叱られるのは、順子さんに取つて一番苦しいことでせう(76)」として、その困難を乗り越えて山田のために徳田が理解を示すこと、それによって人々の期待を裏切らずに二人の愛の生活が成就するようにと記者は結んでいる。このように、徳田の愛人は若くて美人であり、作家の肩書をもつ職業婦人でありながら、そのうえ徳田の子どもを養育する母性的な存在としても理解され、婦人雑誌で取り上げられるほどに世間から注目を集めていたことがわかる。

しかし、社会的地位があるパートナーがひとたび機嫌を損ねると、たちまちその肯定的な評価は地に落とされ、悪女として語られることになる。徳田秋声が語ったこととして、山田順子は次のように報道された。

事実、私の健康も順子との愛の生活には到底堪へられなくなつてゐるし、順子のやうなぜい沢の好きな女は私にはやりきれなくなつてゐた、順子は作家としての月収七百円はあるのだが、それでは足りない、私としては老いた勤労の結果を浪費されることは堪らないし、順子が私と別れようとしたにはさういう原因もあつた、順子は決して簡単な恋愛をする女ではない、多情ではもちろんあるが

生活といふものをかなり意識してゐるいはゞ毒の花だね（略）順子に恋愛するものはたれでもその生活を滅茶苦茶にせずにはをれない、にくむべき女だが同時に可哀相な女だ

（「東京朝日新聞」一九二七年四月二十四日付）

徳田は山田と交際するも結婚までは考えていなかったため、その立場に不満をもった山田が自分よりも若い慶應義塾大学の学生と恋愛関係になったことがスキャンダルになり、徳田の怒りを買ったのである。徳田の語りによって、自己の欲望を抑えきれず、奔放で贅沢な生活と多情によって次々に男を食い物にしていく山田の悪女像が立ち上がり、「にくむべき女」であり同時に哀れむべ

き「可哀相な女」として、見下げられていく。さらに二人の関係について、徳田が「仮装人物」（「経済往来」第十巻第七号―第十巻第九号、日本評論社、一九三五年、「日本評論」第十巻第十号―第十巻第十二号、第十一巻第一号―第四号、第十一巻第九号―第十一号、第十二巻第一号、第三号―第七号、第十一号、第十三巻第一号、第四号―第六号、第八号―第九号、日本評論新社、一九三五年―三八年）に描いたことで、山田順子の悪女イメージは固定化された。

以上から、作家の愛人とくくられた波多野秋子と山田順子には、次のような共通点があったとまとめることができる。つまり、二人ともとにかく美人で男性にとって魅力的な存在だったということ、雑誌記者や作家という職業婦人であること、文壇の実力者のパートナーであり、愛の生活に突き進む者であるということである。こうした華々しさは読者の興味をかき立て、決して否定されるものではなかった。おそらくこのような女性像に対して、読者は羨望のまなざしを向けたにちがいない。

とくにこの当時、女性労働者のほとんどが農業従事者、女工（工場労働者）、女中（家事使用人）というなかにあって、作家や記者という知的労働をするこの二人は希有な存在である。一九二〇年の国勢調査から「ホワイトカラーのナウい職業婦人」は全体のわずか五％にすぎなかったという前述の斎藤美奈子の指摘がある。[77] また、広田寿子は、井上貞蔵の『商業使用人問題の研究』（千倉書房、一九三七年）で、「職業婦人」の職業に、女教員、保母、女伝道師、女著述家、女記者、女医、女薬剤師、音楽家、女画家、事務員、タイピスト、外交員、女店員、産婆、看護婦、女電信手、交換手、女運転手、女車掌、ガイド、美容技師、舎母、工女監督、家政婦、遊芸師匠が挙げられて、それは「多少智能を要する職業に携はるところの、比較的有識者階級に属するもの」[78]と示されていることを紹介している。スキャンダル記事に躍った彼女たちの肩書は、ほんの一握りの女性しか到達できないものだったのであり、しかもそれは「高級婦人雑誌」路線を目指した「婦人公論」の記者であり、『流るるままに』で「日本のノラ」といわれた作家だったのである。知的労働をする愛人像は、一般読者を圧倒したことだろう。

そうしたイメージの一方で、この二人の愛人は、男性を心中に追い込む、あるいはその人生をめちゃくちゃにする「妖女」であり「にくむべき女」として危険視された。これまで好ましい存在として理解されていた愛人像を確認してきたが、ここでにわかに愛人といわれた女性に対する警戒感が立ち上がっていることが読み取れる。そののちに、この危うさというものが、戦後の愛人像の基底を成していくことになる。

最後に、有島武郎と波多野秋子が交わした手紙で、「愛人」と「恋人」の微妙な使い分けがされていることを指摘しておきたい。以下の手紙は、自殺する三カ月前に有島が波多野に送ったものであり、自殺後の七月十二日に「東京朝日新聞」に掲載された。波多野の夫と自分の子どもたちの存在に悩んだ有島が、それぞれの家族のために二人の関係を解消しようと波多野に提案しているものである。

愛人としてあなたとおつき合ひする事を私は断念する決心をしたからです。（略）

愛人としてあなたを取りあつかふ事は如何に無恥に近い私にでも迚も出来る事ではありません。波多野さんの立派な御心状が私の心まで清めてくれます。美しい心の美しきをわたしはしみぐ尊くなつかしく感じます。あなたも波多野さんの前に凡ての事を告白なさるべきだと思ひます。而してあなたと私は別れませう（略）
死んではいけません。
波多野さんの為めに私の為めに一日でも長く生きてゐて下さいあなたとはお目にかゝらない運命に置かれてもあなたの此世に於ける
存在を感じてゐられる事は矢張り私のよろこびです。さうです。私も私の子供に帰ります。三人の子供を私は恋人とします。
（傍点は引用者）

ここで「愛人」とされるのは、波多野の相手の有島であり、また有島の相手の波多野であり、お互いの家族を巻き込むほどの深刻な恋愛感情を抱いた者のことである。そして「恋人」とされるのは、有島の三人の子どものことであり、純情な親子愛による結び付きにある者のことである。子どもとの関係を愛人という言葉で表現しない有島の意識が、ここに示されている。「主婦之友」では「愛人」と「恋人」の書き分けは確認できなかったが、有島の文章からはこの二つには異なる響きがあること、もっといえば、「愛人」は「恋人」よりも深刻で複雑な意味を含んでいるという意味が浮かび上がると読めないだろうか。
恋愛する者として好意的な意味で捉えられていた「愛人」だったが、戦後は男女関係のなかで、さらに深刻で複雑な意味を帯びる存在になっていく。その様子については、第４章で詳しくみていきたい。

おわりに

最後に、本章で論じた愛人についての論点をまとめたい。

まずは、妾と愛人を論じたコンテクストが別のものだったことがわかったと思う。妾は明治維新後すぐに制度的に認められたがまもなく廃止され、妾の時代の記憶をもつ者と新時代に成功を遂げた男性たちによって制度裏で維持されるものだった。一方、愛人は妾が廃止されたあとに可能になった一夫一婦言説が構築される契機で浮上した言葉だった。一夫一婦の倫理的基盤として恋愛概念が称揚され、恋愛をする人を愛人と呼んだのであり、愛人は妾の廃止が提唱されたあとでなくては成立しえない概念だった。

第１章では、妾は、子どもをもうけるために囲うという近代以前からの慣習が継続されながらも、経済的成功の印として、近代の成功者が求めた存在だということを明治期の文学作品から指摘し、これを妾の近代文化の特徴の一つとして捉えた。その意味で比較すると愛人は、恋愛概念を議論する近代の知識人によって求められた存在だったといえるだろう。「恋愛」は、近代的知性の伴う思想実践として、巌本善治、北村透谷、厨川白村らによって文壇で論じられたが、愛人はこの思想を遂行する人として、彼らや彼らの思想を受容する人々――そこに妻もいた――によって好意的に受け止められていった。また、妾は女性だけを指す言葉だが、愛人は恋愛をする人という意味で、女性に対しても男性に対しても用いられた。

愛人という言葉は、恋愛概念が創出された一八八〇年代にはまだ一般的ではなかったが、ロマンチックラブイデオロギーとともに一九〇〇年代ごろから徐々にその使用が広まっていった。そして二〇年代になると愛人という言葉は、文学作品、婦人雑誌、新聞紙上で頻繁に使用されるようになっていく。さらに、一九〇〇年代ごろまでの言説では、恋愛と結婚が一致する文脈で使われていたが、二〇年代では、恋愛と結婚が一致しない場合でも、恋愛が遂行されていれば、その当事者を愛人とする文脈が生じていた。またたとえお見合いの相手（婚約者）であってもその関係を恋愛として語ろうとする文脈を「主婦之友」の分析で確認し、その場合も相手が愛人として語られていたことがわかった。そして、愛人が妾の代替として使用される事態も指摘した。すなわち愛人は、婚姻の前に交際する恋愛関係にある相手という意味でも、婚姻外での恋愛関係にある相手という意味でも使用されるという、二つの意味の方向性が生じていたことを確認することにもなった。

恋愛をする人として人々に好ましい存在と認識された愛人のイメージは文学作品、婦人雑誌、新聞記事に確認できたが、婦人雑誌と新聞記事では、別の見方があったことも指摘した。婦人雑誌には、夫が交際する愛人であってもその存在を排除する妻の語りはみられなかったが、「男性との関係が実を結ばない愛人の立場」というものが記事に確立していた。新聞記事では、恋愛スキャンダルを起こす情人が愛人として語られるようになっていき、愛人を危険視する意識が生まれていた。

また「愛人」と「恋人」の書き分けがおこなわれていたことも確認した。

注

(1) 柳父章は『翻訳語成立事情』(〔岩波新書〕、岩波書店、一九八二年)で、「恋愛」という言葉は新造語であり、それに対応する意味もなかったことを指摘している。
(2) 例えば以下の研究がある。小谷野敦『〈男の恋〉の文学史』(〔朝日選書〕、朝日新聞社、一九九七年、前掲『「色」と「愛」の比較文化史』など。
(3) 水野真知子「『女学雑誌』における女子高等教育論――明治期女子高等教育論と巌本善治」、日本教育学会機関誌編集委員会編「教育学研究」第四十九巻第三号、日本教育学会、一九八二年、二八六ページ
(4) 木下比呂美「巌本善治の女子教育思想――近代的家庭の創造と婦人の人間的発達」、日本教育学会機関誌編集委員会編「教育学研究」第五十二巻第二号、日本教育学会、一九八五年、一五四ページ
(5) 井上輝子「恋愛観と結婚観の系譜」、総合女性史研究会編『婚姻と女性』(〔日本女性史論集〕第四巻)、吉川弘文館、一九九八年、二二五ページ(初出：一九八〇年)
(6) 「女学新誌」から独立した巌本善治と近藤賢三は「女学雑誌」を新たに創刊し、編集者の思想を前面に打ち出す方針のもと「社説」を新設したが、近藤が一八八六年に亡くなったことで、巌本は水を得た魚のように編集活動を展開していったといわれている。ここで紹介する巌本の論説は巌本の名ではなく「社説」として掲載されたものだが、以下の井上輝子の研究で巌本の論説とされていることか

ら取り上げる。井上輝子「「女学」思想の形成と転回――女学雑誌社の思想史的研究」、東京大学新聞研究所編「東京大学新聞研究所紀要」第十七号、東京大学新聞研究所、一九六八年、前掲「恋愛観と結婚観の系譜」

(7)「社説 男女相擇の説(下)」「女学雑誌」第七十二号、女学雑誌社、一八八七年、二二ページ

(8)「社説 日本の家族(第六)」「女学雑誌」第百一号、女学雑誌社、一八八八年、二ページ

(9)前掲「恋愛観と結婚観の系譜」二二六ページ

(10)同書二二七ページ

(11)「女学雑誌」の矯風会の記事に関しては以下の論文がある。これによると矯風会に関する記事は一八八六年から掲載され始め、九四年以降は急減していったという。八七年が最も多く記事が掲載された。早野喜久江「『女学雑誌』の果たした役割――婦人矯風会の場合を中心に」「白山史学」第三十六号、白山史学会、二〇〇〇年、四一―四三ページ

(12)東京婦人矯風会書記「東京婦人矯風会主意書」「女学雑誌」第六十五号、女学雑誌社、一八八七年、特別広告(複製版)。傍点は引用者。

(13)日本キリスト教婦人矯風会編『日本キリスト教婦人矯風会百年史』ドメス出版、一九八六年

(14)湯浅はつ「倫理の基の要旨」「女学雑誌」第百六十一号、女学雑誌社、一八八九年、七四ページ

(15)佐々城豊寿子「婦人文明の働」「女学雑誌」第六十五号、女学雑誌社、一八八七年、八八ページ

(16)藤目ゆき『性の歴史学――公娼制度・堕胎罪体制から売春防止法・優生保護法体制へ』不二出版、一九九七年

(17)林正子「清水紫琴の〈女権〉と〈愛恋〉――明治の〈女文学者〉、その誕生の軌跡」、岐阜大学教育学部国語教育講座編「岐阜大学国語国文学」第二十三号、岐阜大学教育学部国語教育講座、一九九六

年、二三ページ
(18) 岩淵宏子／長谷川啓監修、渡邊澄子編集『〔新編〕日本女性文学全集』第一巻、六花出版、二〇〇七年、四九〇ページ
(19) 古在紫琴、古在由重編『紫琴全集』草土文化、一九八三年、二二ページ
(20) 同書二三ページ
(21) 同書二三ページ
(22) 和田繁二郎『明治前期女流作品論――樋口一葉とその前後』桜楓社、一九八九年、二九五ページ
(23) 北田幸恵『書く女たち――江戸から明治のメディア・文学・ジェンダーを読む』學藝書林、二〇〇七年、一七一ページ
(24) 作田啓一「恋愛観と家族観――北村透谷と巌本善治」、古田光／作田啓一／生松敬三編『近代日本社会思想史Ｉ』（「近代日本思想史大系」第一巻）所収、有斐閣、一九六八年、二五〇ページ
(25) 北村透谷の文学的才能を見いだし、これを世に問う機会を与えたのは、先の巌本善治だったという指摘がある。前掲「恋愛観と結婚観の系譜」二二五ページ
(26)「このことばに価値の後光を与えたのは透谷」（前掲「恋愛観と家族観」二三六ページ）
(27) 北村透谷、勝本清一郎校訂『北村透谷選集』（岩波文庫）、岩波書店、一九七〇年、八一ページ
(28) 同書八三ページ
(29) 田中亜以子『男たち／女たちの恋愛――近代日本の「自己」とジェンダー』勁草書房、二〇一九年、五九ページ
(30) 上野千鶴子『発情装置 新版』（岩波現代文庫）、岩波書店、二〇一五年、二一〇、三七五ページ
(31) 菅野聡美『消費される恋愛論――大正知識人と性』（青弓社ライブラリー）、青弓社、二〇〇一年、

六〇ページ
(32) 同書六一ページ
(33) 前掲『北村透谷選集』八七ページ
(34) 木下尚江「福沢諭吉と北村透谷――思想上の二大恩人」、日本文学研究資料刊行会編『北村透谷』(日本文学研究資料叢書)、有精堂出版、一九七二年、二八四ページ。これは一九三三年十二月十日におこなわれた第四回透谷研究会での発言。
(35) 前掲『北村透谷選集』二三―二四ページ。傍点は引用者。
(36) 同書三九五ページ
(37) 国木田独歩『国木田独歩全集』第七巻、学習研究社、一九六五年、三二二―三二四ページ。傍点は引用者。
(38) 国木田独歩「愛人失踪の日記――『欺かざるの記』後篇中最も悲痛なる一節」、桑田春風(正)編『趣味之日記』所収、良明堂、一九一一年
(39) 小谷野敦によると、江戸時代では恋愛関係にある相手のことは、「情婦」「情夫」と書いて「いろ」と読ませるのが一般的だったという。しかしこの場合は、遊郭での娼妓が相手だったため「下等な」ニュアンスがあったという。そして「恋愛」という概念が発明された明治期に描かれた恋愛小説でも、「恋人」の使用が少ないことを指摘している。小谷野敦『性と愛の日本語講座』(ちくま新書)、筑摩書房、二〇〇三年、一〇ページ
(40) 鬼頭七美『「家庭小説」と読者たち――ジャンル形成・メディア・ジェンダー』翰林書房、二〇一三年、一三ページ
(41) 草の人『恋夫婦――家庭小説』大学館、一九〇六年、二二―二三ページ

(42) 斎賀琴「昔の愛人に」「青鞜」一九一五年五月号、青鞜社、二六ページ
(43) 同作品二八ページ
(44) 同作品三〇―三一ページ
(45) 同作品三七ページ
(46) 前掲『消費される恋愛論』二二ページ
(47) 厨川白村『近代の恋愛観』改造社、一九二二年、三ページ
(48) 同書一二ページ
(49) 同書三一ページ
(50) 同書四〇ページ
(51) 同書五三ページ
(52) 大澤米造『浜田栄子 愛の哀史』日本社出版部、一九二一年、九―一〇ページ。傍点は引用者。
(53) 前掲『近代の恋愛観』四六―四七ページ
(54) 前掲『消費される恋愛論』一六八ページ
(55) 同書一六八ページ
(56) 松岡譲『憂鬱な愛人』下、第一書房、一九三一年、四八ページ
(57) 川西政明『新・日本文壇史 第一巻――漱石の死』岩波書店、二〇一〇年、四二―四三ページ
(58) 同書四五ページ
(59) 同書四八ページ
(60) 村上しく「『愛人の会』の記」「婦女界」一九二八年六月号、婦女界出版社、三三〇ページ
(61) 斎藤美奈子『モダンガール論――女の子には出世の道が二つある』マガジンハウス、二〇〇〇年

(62) 小山静子「高等女学校令」、前掲『岩波女性学事典』所収、一二四ページ
(63) 木村涼子『〈主婦〉の誕生――婦人雑誌と女性たちの近代』吉川弘文館、二〇一〇年、三二ページ
(64) 同書五二―五三ページ
(65) 田中卓也「近代婦人雑誌にみられる読者観――『婦人倶楽部』を中心に」、関西教育学会編「関西教育学会年報」第三十二号、関西教育学会、二〇〇八年、三二ページ
(66) 前掲『〈主婦〉の誕生』五七ページ
(67) 同書五五ページ
(68) 同書五六ページ
(69) 十六件のうち男性からの投稿記事は次の一件だった。佐山春二「離婚した人々の悲しき物語(三) 貧しきが為に愛人を失うた青年」「主婦之友」一九二四年八月号、主婦之友社
(70) 記事のうち番号三から八と十三の個別記事のタイトルには「愛人」の言葉は使用されていないが、特集記事のタイトルに「愛人」が使用されているため考察の対象とした。また、番号一は婚約者の浮気のために別れるべきかという相談記事であり、記事の最後に記者から「潔く婚約を取消すべきであります」「不幸な結婚をすることは最も愚かなこと」と断言されていたため、記事の結末は「破綻」として捉えた。番号三の記事は、投稿者は離縁してもいいという意志があり、今後夫婦関係が破綻することも予測されるが、夫の愛人が出現しても夫からはいままでどおり家にいてくれと要望され、名目だけの婚姻関係を続けてきたことが記事の主たる内容であるため、「婚姻継続」として捉えた。
(71) 井上章一によると、愛人という言葉は戦前から「妻や夫以外の異性で、ふかいつきあいのある相手」の意味で使われていた「情人」(情夫・情婦)が戦後に置き換わったもの、戦後的な婉曲語として情人の意味を「抽象的な表現でやわらげようとした」新聞でその置き換えがおこなわれたという指

摘がある（井上章一「愛人」、井上章一／斎藤光／澁谷知美／三橋順子編『性的なことば』〔講談社現代新書〕所収、講談社、二〇一〇年、一九ページ）。しかしすでに一九二〇年代に、婚姻外の恋愛関係にある男女のあり方が、情人から愛人へと変化していることをここで捉えることができる。ちなみに以下の堺利彦の説明を踏まえれば、情人には二つの意味があると考えられる。「今一つ（情婦）といふ奴がある。これは前項の『私通』と同じ場合もあるが、違ふ場合もある。妻のある男が『情婦』を持つのがそれだ。メカケを置くといふほどの財力のある男ではなく、何かの事情で或女と関係を作るのが随分ある」（堺利彦「男性支配と私有制度」、「特集 日蔭者の研究」「女性改造」一九二三年七月号、改造社、五二ページ）。平塚が「情婦」とされたのは「私通」の関係として示されたものだったのだろう。

(72) 宮崎龍介のことは同記事で「情人」とも表現されている。
(73) 前掲『消費される恋愛論』八二ページ
(74) 同書八三ページ
(75) 太田菊子「徳田秋声氏と山田順子さんとの愛の生活」「婦女界」一九二六年七月号、婦女界出版社、二二五ページ
(76) 同記事三二ページ
(77) 前掲『モダンガール論』七五ページ
(78) 広田寿子『現代女子労働の研究』労働教育センター、一九七九年、一〇九ページ

第3章　一九三〇年代の妻と妾――妻の嫉妬と閉塞感

はじめに

第1章では、明治期の妾のあり方を議論し、妾を制度裏に隠蔽した状態で妾を利用しながらその基盤を作り上げていく近代日本の一夫一婦の法制度とジェンダー規範についてふれた。そして第2章では、ロマンチックラブイデオロギーが出現し、恋愛による一夫一婦の形成が奨励されて、恋愛する人を愛人と表現することが一般化していく一九二〇年代までの状況を議論した。また、愛人は妾の廃止が提唱されたあとに出現した概念であり、妾と愛人とは異なる場から起こった概念であることを確認した。

本章では議論の時期を一九三〇年代に設定し、前章までの妾と愛人の全体像を把握する議論からは少し離れて、妾との関わりのなかでその輪郭が浮き彫りになる一夫一婦の「妻」の問題に視点を定めたい。

一八九八年に成立した明治民法では、妻の権利は夫に比べて低く見積もられていたとはいえ、一夫一婦がこの国の婚姻形態の大原則であることが唱えられた。一九二〇年代になると都市文化のなかで近代主婦が確立し、この時期に刊行が相次いだ婦人雑誌では妻に関する言説が喧伝された。そして三〇年代になると、日本は満州事変を起こして十五年戦争（一九三一―四五年）へと突入していく。その過程で、近代国民国家の一員としての妻の役割の重要性が説かれ、兵士を産む母として、夫の留守を預かる銃後の妻として、一夫一婦の「妻」に関する言説の圧力は強まっていくのである。本章ではこの時期の妻の問題を妾という指標から分析する。

戦時状態が国民の身に迫り、彼らがその危機を肌で感じるようになるのは、第二次世界大戦が起こって奢侈品等製造販売制限規則（一九四〇年）や金属類回収令（一九四一年）が出され、暮らしのなかに戦争のための生活制限が入り込むようになった一九四〇年代に入ってからだろうか。しかしながら、三〇年代にはすでに満州事変が勃発して三二年には満州国が建国され、盧溝橋事件（一九三七年七月）、南京占領（一九三七年十二月）、ノモンハン事件（一九三九年）が次々に起こり、関東軍の中国侵略が本格化している。国内に目を向ければ五・一五事件（一九三二年）、二・二六事件（一九三六年）が起き、軍の統制が強化されていった時期にあたる。「夫」たちは国内外で戦時体制の地固めを着々とおこなっていた。

そして、「妻」たちも夫の働きに従って銃後の守りを任され、戦地へ赴いた夫の留守を預かる立場から戦時体制構築の一翼を担う動きをみせていた。一九三二年に結成された大日本国防婦人会は皇族を総裁に置いた愛国婦人会とは違って、白いかっぽう着を着て出征兵士を見送り、家庭のなかで節約に努めて国防献金をおこない、「台所」から日本の国防に参戦するという意識をもった庶民の女性たちが集まるものだった。大日本国防婦人会は四二年に大政翼賛会の斡旋で、愛国婦人会、大日本連合婦人会と統合されて大日本婦人会へと発展的解消をしている。発足一年後に十万人ほどだった会員数が四一年には九百万人にまで膨れ上がり、三〇年代という時代を駆け抜けて、大日本国防婦人会は巨大組織へと急成長した。庶民の女性への訴求力がどれほどすさまじいものだったかがわかる。

この大日本国防婦人会の発足には、井上千代子の自害事件が関係していたと加納実紀代が指摘している。[1] 夫の満州出征を翌日に控えた妻が、夫を励ますために懐剣で喉を突いて自殺するという事件が一九三一年十二月に起こったのである。

彼女の自殺は、「後顧の憂いを断った若妻の美談」として関西を中心に大きく報道され、自殺した井上は「昭和の烈婦」として称賛されたようだが、当時の井上を知る女性に聞き取り調査をした加納は、この妻と夫の関係はあまりよくなく、結婚して一年以上たっても妊娠しないので夫に申し訳ないと思ったのではないか、という話を書き記している。また、当時の「後顧の憂いを断つため」の死という報道を聞いて「バッカじゃなかろかと思った」[2] と語った女性の話も記述している。公的な言説と私的レベルの認識にかなりのギャップがあったことが理解できるが、「なぜ日本は戦争を起こしたのか」という問いを前にしたとき、この一人の妻が「烈婦」として表象されたことは大変重要な問題だと考える。加納が指摘していることだが、妻の自殺は夫に対して心置きなく戦死してくれという意味を生じさせるものであり、実際にこの夫は、自分が所属する連隊が日本に帰還することになってもそれを拒否して満州に残り、一九三二年の九月、撫順の住民に対する虐殺事件を起こしたという。

　そして、この井上千代子の自殺に感激したのが国防婦人会の創立者である安田せいであり、彼女はこの事件に触発されて会の設立へと動いたのだった。一人の「妻」の私的な行動がこのように歴史を動かす大きな原動力になったことがわかるが、その原動力の根幹に、加納が聞き取りをしたように、「夫婦仲がよくなかったから」「子どもを妊娠しなかったから」という夫婦の内部の問題があったのだとしたら、妻の情緒的な側面、ジェンダー意識を見過ごすことはできない。

　一夫一婦の関係が女性解放の目指すべき規範として、妻のフェミニズム的価値観のもとに示されることへの違和感や問題意識については本書の「はじめに」ですでに示した。そのなかにあって、加納が指摘したこの銃後の女性についての問題は、フェミニズム内に自己検閲の作業を促し、女性が被害者として一義的な存在ではないこと、その加害者性を問うた議論として大いに触発されるものだった。

　この問題に共感する筆者は、一夫一婦の内部に潜り込んで、「妾」の側から、そこで展開されていた人々の情緒的な問題を示したい。本章は直接に戦時体制や妻の戦争協力の実情についてふれるものではないが、「国民が後になって「暗黒の時代」と気づくに到った戦争へ人びとを駆りたてて行った時期であり、人びとが文字どおり真綿で首をしめあげられていった時期」(3)と指摘された一九三〇年代に、一夫一婦の「妻」がどのような問題を抱えていたのか、その情緒的な側面を、彼女の夫、夫と交際する妾の立場から考察することにする。のちに戦争責任が問われることになる銃後の女性たちの意識の基底にあったものを、この議論を通して示すことができれば幸いである。

分析のために用いる資料は、新聞の事件報道と身の上相談記事である。それでは、一九三〇年代の一夫一婦の問題、妻と妾のあり方について詳しくみていこう。

1 「嫉妬する妻」の構築

本節では、新聞を分析の資料として取り上げる。記事を量的に分類し、記事内容を類型化したうえで、記事の言説構造から妾をめぐる言説のジェンダー分析をおこなう。分析対象は「読売新聞」で、創刊時の一八七四年から一九三〇年代に至るまでに報道された、妾に関する「事件報道」である。そのなかでも「妾」「妻」「夫」の三者間で起きた刃傷沙汰(傷害・殺人)事件の記事を取り上げる。刃傷沙汰事件に的を絞るのは、三者間に起きた感情的な問題を、報道された記事から抽出しやすいという理由による。また、一八七〇年代以降の新聞記事を取り上げるのは、一九三〇年代の問題の傾向をほかの時代と比べて議論するためである。

記事検索の方法

近代の活字文化のなかで、雑誌や図書に先行して最初に普及したのが新聞である。当時の音読の習慣から汽車のなかや家庭などで識字者が新聞の「読み聞かせ」をおこない、その情報は社会に拡散されていった。明治期には、新聞は個人的なものとして黙読するのではなく、音読によって複数の人々に共有されるものであり、親子兄弟の前で朗読できないような露悪記事は批判されたといわれている。(4)新聞というメディアは、それを書く人、それを読む人、それを聞く人という三重構造によって支えられていたのである。記事はこの構造のなかで取捨選択され、読者に届けられる。したがって、紙面で取り上げられたことがそのまま現実を反映しているものかについては別の議論が必要になる。社会的な関心が薄いと思われるようなものであれば取り上げられないこともあるだろうし、その逆もまた想定される。新聞メディアは、このように恣意的に操作される社会装置であることに留意する。

分析の対象である「読売新聞」は、一八七四年に創刊された。漢字に振り仮名を付けた読みやすい口語体の紙面だったため、「庶民や婦女子にまで人気を集め(5)」「正論を主とする大新聞とは異なり、庶民婦女子を対象とした非政治的な小新聞(6)」としての特質をもつと指摘されている。したがって、私的領域のジェンダー問題を読み解くのに適していると考えた。

資料の調査には、「読売新聞」の創刊号からの記事が検索できるデータベース「ヨミダス歴史館(7)」を利用した。検索キーワードとして、「妾」「権妻」「愛人」の三つの単語を取り上げた。これらの単語を用いたのは、実際の記事に使用された言葉が「妾」であっても、データベースのキーワードには「愛人」が登録されているなど、記事で使われた呼称とデータベースに登録されたキーワードが一致しない場合もあったためである。これによって、記事で「妾」または明治初期に使用さ

表4　「妾」「妻」「夫」の刃傷沙汰事件の報道件数（筆者作成）（単位：件）

区分	時期	報道件数
第1期	1874-79年	2
第2期	1880-89年	7
第3期	1890-99年	2
第4期	1900-09年	3
第5期	1910-19年	3
第6期	1920-29年	2
第7期	1930-39年	7
合計		26

れた「妾」の別称である「権妻」という呼称によって報じられた記事を分析の対象とした。(8)「妻」については、内縁関係であっても「妻」と報道されたものについては分析の対象とした。

「読売新聞」創刊時の一八七四年から一九三〇年代までを対象に記事を検索したところ、二千件を超える記事がヒットしたが、そこから妾に関する「自殺」「殺人」「告訴」などの事件記事に焦点を当てると約四百五十件に絞られた。さらに対象を絞り、「妾」「妻」「夫」の三者間の関係から起こったと推定できる刃傷沙汰事件の記事を抽出した。事件の結果、被害者が死亡した場合もあれば、負傷程度ですんだ場合もあり、加害者が殺害を意識しての犯行だったのか、殺害しようとしたわけではなかったものの結果的に相手を害することになってしまったのか判別がつきにくいことからも、三者関係が原因になって生じた事件という条件で取り上げることにした。

また、妾と夫の間に生じた事件であっても、妻が原因とは特定できない記事や、妾が殺害されてもその犯人や原因が妻や夫とは関係がない事件については除外した。さらに、同じ事件の続報などが複数回にわたって掲載されている場合はまとめて一件とした。(9)その結果、約十年を一つの時間軸として妾に関わる事件報道を量的に分類したものが表4である。(10)

表5　事件報道にみる被害者・加害者数（筆者作成）（単位：人）

被害者＼加害者	妻	妾	夫	その他（加害者不特定）	合計（比率%）
妻		1	3	0	4（14%）
妾	14		3	2	19（66%）
夫	4	1		1	6（21%）
合計（比率%）	18（62%）	2（7%）	6（21%）	3（10%）	

事件報道にみる妻妾関係

二十六件の事件報道が確認されたが、その事件の被害者と加害者についてまとめた結果が表5である。[11]

被害者は妾が最も多かった。次いで夫、妻の順だが、被害者の約七〇%が妾であり、事件の被害者として妾が圧倒的に多かったことがわかる。一方、事件の加害者の約六〇%が妻だった。その次が夫で約二〇%、妾は一〇%以下であり、加害者の多くは妻だったことがわかる。夫は、被害者と加害者のいずれも約二〇%だった。

また、妻が加害者である場合の被害者は十八人のうち十四人が妾であり、四人が夫だった。すなわち、「妾」「妻」「夫」の三者関係で起こった刃傷沙汰事件で、最も危害を加えられたのが妾であり、危害を加える主体になったのは妻だったという傾向が示される。夫を介して、妻と妾が加害者と被害者に二分化される事態を確認できるのである。

次に、新聞で報道された事件の当事者になった妻と妾の事情をみていくことにする。まず加害者である妻について、彼女が妾に手をかけた理由は何と報道されたのか。妻が妾に対して犯行に及んだケース十四件のうち、犯行理由を「嫉妬」として報道した記事が九件あった。そのほか、嫉妬という言葉は使われないが、その基底に嫉妬の感情があったと解釈できる記事が四件ある。四件のうち、妾を家に引き入れる「妻妾同居」が契機と説明しているものが一件、別れたと言っておいて内緒で妾を囲っていたことが妻に発覚したと説明するものが一件、嫉妬の感情が原因になっていることを想起させる記事が二件だった。すなわち、妻が加害者、妾が被害者になった事件報道で、犯行の理由の中心には嫉妬の感情があったことが明らかになった。

一方、妾が加害者になった事件は二件だが、そのうち被害者になったのは夫と妻それぞれ一人ずつだった。夫に手をかけた理由は、自分の存在が原因で夫の家庭に波風が立ち、夫の愛情が自分から離れてしまうことに対する恨みで犯行に及んだというものである。この事件では犯行後に妾も自殺を図っているが、二人はいずれも命に別状なしと報道されている。もう一つの事件、妾が妻を殺害した事件は、理由が記述されていない。妾が妻とともに夫の長男の徴兵検査の不合格を祈念するために近所の神社に赴く道中、差しかかった橋から妻を突然突き落とし、落下した妻に対してさらに顔面や頭部を石で乱打して殺害したと報道されただけである。理由は書いていないが、妻に対する妾の強い殺意を読み取ることができる。

嫉妬する妻——一八七四—八五年

新聞の事件報道から、加害者である妻、被害者である妾という構図を示し、妻が犯行に及んだ動機が主に「嫉妬」と説明されていたことを明らかにした。ここではその分析を進め、「妻の嫉妬」はどのような文脈で伝えられたのか、一夫一婦制度成立の背景に織り込まれたジェンダー文化のコンテクストから探っていくことにする。

二十六件の新聞報道のうち、嫉妬の描かれ方について注目したい二つの時期がある。一つは本章の議論の基本軸になっている一九三〇年代であり、もう一つは新聞創刊時の一八七四年から八五年にかけての時期である。[12]

まずは一八七四年から八五年に報道された記事の特徴についてみていきたい。この時期は一夫多妻のジェンダー規範が制度化され、七〇年に制定された新律綱領で妾は妻と同じく夫の配偶者として二等親の身分を与えられ、婚姻制度の内部に位置づけられる存在だった。八〇年に新律綱領に代わる刑法が発布されたことでこの身分は廃止されて、その後、妾の戸籍登記の手続きも廃止されている。さらに八五年に内務省が妾という称号を法律上公認すべきものではないという通達を出すなどして、八〇年代以降、妾の存在は法制度から段階的に削除されていく。

こうした制度的背景を踏まえてこの時期の記事をみてみると、妾を囲った夫に嫉妬した妻に非があるというレトリックで事件が報道されている点に特徴があることが指摘できる。

一八七六年四月二十二日付の「読売新聞」には、夫が妾を囲ったことに「嫉妬」した妻が妾を殺害した事件が掲載されたが、それを嫉妬した「妻の落ち度」と捉えて「女の嫉妬ハ昔からよく無いものと申して有るから今でも同じこと成たけ慎しまねバ成らぬ」とその素行をとがめ、性のダブルスタンダードを認めるジェンダー意識を読者に強要する論旨で記事がまとめられている。この報道には後日談があり、妻が妾を殺害したというのは誤報であり、事実は「嫉妬ゆゑに自分の細帯で首をくゝッて死んだので妾にハ何も子細ハ有ません」（一八七六年五月三日付）ということだが、「妾が殺された」という事件性よりも、「妻の嫉妬ゆえに事件が起きた」という点を強調することに重きが置かれた。

また、一八七九年四月十二日にも妻による妾の殺害事件が報道されている。この記事は、夫が妻と結婚する以前から別の女性を囲っていたこと、妻と結婚しても妾と縁を切らなかったこと、妻が離縁する騒ぎを起こし、妾を刺して自分も自殺を図ったが、妻の命には別状はないということを淡々と報じるものだが、その記述のなかで、妻が犯行に至る理由を次のように示している。

お房ハクワッと逆上《のぼせ》てしまひ懐妊した身を夫に飽かれたも彼の女めゆゑ此怨みを晴らさいで置かうか

（「読売新聞」一八七九年四月十二日付）

この記事はその冒頭で「嫉妬騒動」と報じている。紙面の大部分は事件の概要を伝えることに割かれているが、そのなかにあって、前述の箇所は記者の語りを通して妻の心情が妙に現実味を帯びて描かれている。嫉妬した妻の像を前面に出すレトリックで報道し、かつそれを「騒動」としてスキャンダル化する記事だといえる。

このように嫉妬した妻が犯した事件についてはその非を指摘する報道がおこなわれる一方で、たとえ妻が妾を殺したとしても、それが個人的な嫉妬ゆえではなく、夫の家のために及んだ犯行であれば、その行為が称賛される場合もあった。一八八一年十月五日に報道された、熊本県士族から司法省の判事補に出世した秋吉正壽の妻が起こした事件についての記事がそれである。これは妾の勝手によって秋吉の家が思うままにされてしまうことに危機感を抱いた妻が妾を殺し、自分も自害して家を守ったというものである。この事件は十月五日に報じられてから六日、七日、八日、九日、十二日と全部で六回にわたって報道され、最後の十二日の報道では妻の書き置きが公開された。この場合はむしろ嫉妬したのは妾であって、その感情によって秋吉の家をめちゃくちゃにしてしまう妾を「毒婦」として糾弾している。

これらの事件は、一夫多妻という制度の建前によって、夫の性のダブルスタンダードを公然と支持できた時代に起こったものである。妻によって妾が殺される事件が起きた場合、それは妻の落度であり、非難されるべき社会問題になる。しかしここでいう落ち度とは、妻が「妾を殺した」ことではなく、夫が交際する女性に対して嫉妬の感情をもったということを指している。三者関係のなかで誰かを「殺すこと」よりも、その関係に「嫉妬の感情をもつこと」のほうが社会的に糾弾されるという当時の人々のジェンダー意識を確認することができるだろう。このように「妾」「妻」「夫」の三者間の刃傷沙汰を報じる事件記事を通して、明治期の初めには殺人に対する道義的責任を問うことよりも、夫の相手の女性に嫉妬の感情を抱えたことに対する非難に焦点が当たっていたことが理解できるのである。

事件内容	裁判結果
「妾」が針仕事をしていたところ、家に侵入した「妻」が「妾」に斬り付け全治3週間の傷を負わせる。	懲役1年、執行猶予2年
別れ話のもつれにより、「妻」が「妾」に短刀をふるって右肺部を一突きにして即死させる。	懲役2年、執行猶予3年

嫉妬する妻——一九三〇年代

一八七〇年代から八〇年代の新聞報道の状況を踏まえて、次に一九三〇年代の状況をみていく。この時期は前者と比較すると一転して、殺人事件を起こした妻の正当防衛が認められ、妻の嫉妬という感情の発露が社会的に共感をもって受け入れられているという点が特筆できる。

一九三〇年代に報道された事件は七件あるが、そのうち妻が加害者になった事件は五件であり、被害者はすべて妾だった。[13] また、二十六件の報道のうち、事件後の裁判結果まで追って報道された記事は三件である。うち二件が表6の一九三〇年代のもので、残りの一件は一八九六年一月二十一日に報道されたものである。この事件もまた妻が加害者で、被害者になるのは妾だが、妻が妾の妊娠に嫉妬して水銀を混ぜた五目丼を食べさせ、妾に下痢と嘔吐の症状が出たという。この事件は、東京地方裁判所で「疾病休業に至らしめざるを以て無罪との宣告を与えられたり」ということで妻は無罪になっているが、このときはまだ犯行に及んだ妻について「嫉妬の念押へ切れず」という批判的論調で報道されている。これ以後三十年あまりの時間が経過し、一九三〇年代に入って前述の二件が立て続けに報道されることになった。

表6　裁判結果まで報道された1930年代の事件記事の概要（筆者作成）

	事件報道日	記事タイトル	被害者	加害者
A	1936年10月13日	糟糠の妻が妾斬り	妾	妻
	1937年2月23日	愛の「正当防衛」に異例・情の判決　妾斬り本妻執行猶予		
B	1938年10月19日	妾を刺し殺す	妾	妻
	1939年5月21日	「貞女の殺人」に情けの判決　妾殺しが執行猶予		

まず先の一八七四年から八五年の事件報道と比較して、「嫉妬」を理由に妻が妾に手をかけたという構造は同じであるにもかかわらず、一九三〇年代の時代文脈では司法が妻の犯行に甘く、報道もその行為を積極的に認めているという点に注目できる。近代草創期には嫉妬した妻を非難する文脈があったが、三〇年代には「嫉妬する妻」はとがめられるどころか、嫉妬によっておこなわれた妻の犯行がたたえられるまでになっている。

表6の事件Aについての第一報になった一九三六年十月十三日付の記事では、妻が妾に手をかけたことの経緯を簡潔に伝えているが、翌年二月二十三日付の続報では、その犯行を「愛の正当防衛に凱歌が揚がった」と称揚している。妻が妾殺害を意図したこの事件は「愛すればこそ」の行為であり、「純情の人妻」に対して東京地方裁判所が懲役一年、執行猶予二年の判決を下したと報じられた。また記事には、「人を殺さうとした罪は悪いが、その責任は夫とその女がもつべきだ」という検事の意見を掲載している。妾を斬った行為の責任は加害者である妻にあるのではなく、「夫を情欲の虜」にした被害者の妾と、その「虜」になった夫にあるという犯罪主体の責任転嫁の論理が通用している。

またBの報道もAと同様に、事件の第一報を報じた一九三八年十月十九日付の記事では、妻が妾を殺害した経緯を淡々と報じていたが、裁判結果を続報した翌年の五月二十一日付の記事では、妻を「貞女」と表現したうえで、判決については「温情ある判決」とし、この事件は「夫の乱行に依るもの」であり、「各方面から同情」が寄せられたことで実現した判決だとして妻の犯行を正当化している。

このようにAとBの事件を報じる記事では、加害者である妻の責任が不問にされ、被害者になった妾とその相手である夫に批判の矛先が向けられていて、加害主体が巧妙にすり替えられるレトリックが遂行されていることがわかる。

加えて、Aの事件には後日談がある。裁判の判決が報じられた翌月の三月三日に、山川菊栄がその事件は「妻の正当防衛」だったとして、「妻の権利」が重んじられるようになった女権伸長の結果ではないかと指摘する文章を「読売新聞」の婦人欄に寄せたのである。以下にその一部を引用する。

四人の子をもつ妻が、夫を奪ひ、家庭を侵略した妾に斬りつけて、執行猶予となつた事件がある。妾といふものが、公然の制度であつた時代には想像もできないことであつたらう。この判決は「夫にも貞操の義務あり」と認めた有名な判例と共に、妻の権利を重く視るやうになつた道徳思想の変化を示す一つの証拠と見てよからう。

（「妻の正当防衛」「読売新聞」一九三七年三月三日付）

山川は、一夫一婦の婚姻原理のなかで妻の位置づけが夫に対して著しくおとしめられた状態にあるのを解消しようとして、妻の権利獲得の重要性を論じている。しかしこの言説は同時に、その裏面で妻の座を脅かす妾の存在を、「夫を奪い、家庭を侵略した」ものとして排除し、妻とは差別化される場所に周縁化するジェンダー規範を生産しているといえないだろうか。制度上は廃止されたとはいえ、妾は慣習として廃れることなく存在していたにもかかわらず、そのような状況で一方の妻だけを救済しようとすれば、そのもう一方は公的な言説空間からこぼれ落ちることになる。妻の正当性の主張は必然的に妾の排除を合理化する。一夫一婦制度はこうした女性間の利益相反を生じさせながら、妻になれた女性だけを引き上げることを遂行しているのである。

このように、一九三〇年代は加害者になった妻に対する同情と、「嫉妬」を許容する人々の意識がみられるようになった。

本章の「はじめに」で言及したように、一九三〇年代は一夫一婦イデオロギーが補強された時代である。一夫多妻の婚姻制度が廃止され、妾が段階的に法制度から削除されていった一八八〇年代を通過し、九八年の明治民法で一夫一婦の形式が制度的に前景化する。そして一九二〇年代はいわゆる近代主婦の確立期であり、また、新婦人協会、赤瀾会、婦人参政権獲得期成同盟会などの設立が相次ぎ、女性の権利――夫婦同権、母性保護、参政権獲得――の拡張が唱えられた。こうした動きのなかで戦時体制が国防思想を強化していく。三一年に満州事変が起こると、翌年には大日本国防婦人会が立ち上げられ、国家統制が強まるなか、銃後を守る戦士として妻の存在に重きが置かれるようになるのである。

このような時代潮流のなかで、山川菊栄のような女権論者が妻の権利に関する議論を新聞紙上で展開していた。一見すると婚姻制度のなかで妻の立場が確立・安定しているからこその主張のように思えてしまうが、実際のところは、嫉妬の感情を募らせて妾を殺す妻の姿を記事のなかで確認することになった。一夫一婦の婚姻原理の確立後、制度が遂行されている裏面で、またそのイデオロギー強化の一方で、制度のなかに回収された妻たちは夫との関係を構築することに支障をきたしていたのだった。

しかし、そこでは問題の原因として制度の欠陥に目が向けられることはなかった。むしろ、妻の位置づけの正当性を唱え、その強化によって問題を解決しようとするジェンダー意識が人々の間にはたらいたのである。一九三〇年代に妾が殺されるのは妻の正当性のために仕方がないという世論が形成されていたこと、嫉妬した妻に対して、一八七〇年代に向けられた感情とは別のジェンダー意識が立ち上がっていることを確認できる。世論の形成に影響力をもつ新聞メディアでは、妻に対する同情をかき立て、「嫉妬」の容認という人々の感情にはたらきかける方法で、妾を暴力的に排除する行為が正当化されていた。

ここまでの考察の結果、一八七四年から一九三〇年代に至る全期間を通じて「嫉妬」によって妾を殺そうとする加害者である妻、被害者の妾という、女性が分断されるジェンダー構造が明らかになり、犯行の動機が嫉妬という感情がもたらしたものであると説明されていることがわかった。さらに、「嫉妬」に対する論調は時期によって変化をみせている。初期の一夫多妻制の倫理観が強固に存在する時代には、妻の嫉妬は批判され、それは殺人行為の倫理性を問う視点よりも勝っていた。

しかし、一夫一婦イデオロギーが補強された三〇年代には、妻が妾に危害を加える事態に際して「嫉妬する妻」の像が社会的に容認され、むしろ被害者である妾のほうに道義的責任が向けられるという世評や司法判断が形成されたことが明らかになった。ここでは「嫉妬する妻」と「排除される妾」の対立が鮮明である。妻が優位に立つ社会評価と、かつ二分化された非対称の妻妾関係が、夫との関係を介して一夫一婦イデオロギーが構築されるその背景で生成されていたのである。

2　一九三〇年代の「妻」「妾」の身の上相談

本節では、新聞の「身の上相談」のジェンダー分析をおこない、前節の分析をさらに掘り下げる。一九三〇年代の第三者が語る事件報道では妻の立場・心情を量って妻に同情的な論調に配置された妻妾関係だったが、当事者本人の言説である「身の上相談」でも、問題は同じように構成されているのか。事件報道とは性質が異なる身の上相談というテクストを分析の対象として、三〇年代の「妻」「妾」の情緒的側面を追うことによって、一夫一婦の婚姻原理についての考察を深めることにする。

分析の対象にする記事は、「読売新聞」に一九三一年七月から三七年五月まで連載された「悩める女性へ」という「身の上相談」である。(14)「身の上相談」は、「大衆的な雑誌、新聞、ラジオ、テレビなどのマス・メディアにおいて、質問者が人生上の悩みや質問を投稿し、回答者がそれらの投稿を選択しつつ、回答するコミュニケーションの一様式[15]」であり、相談内容は読者に向かって開かれている。「人びとがどのような葛藤を抱いているのかという問題が構築される場」であり、「さまざまな規範を構築する公共性のあるメディア[16]」を媒体として語られる「身の上相談」は、周囲には相談できないと考えられた「私的」な言説が匿名性をもって社会に還元され、「私」以外の他者に認識されるプロセスを経て構築される言説でもある。「身の上相談」の言説は新聞記者がレポートする事件記事とは異なり本人の口を通して語られるものだが、その相談内容も社会的・文化的価値観からは自由ではないと捉え、情緒的な感情がどのように社会的に構築されているのかを、身の上相談の内容から分析する。

閉塞感を抱く妻

「悩める女性へ」に連載されたもののうち、妾に関する相談記事は全部で四十三件あった。[17]そのうち妾自身が相談するものが十八件、妾について妻が相談するものが十七件、そのほかに妻の娘などの第三者が妾について相談するものが八件だった。ここから「妻」「妾」の立場[18]から相談があった三十五件の内容を表7に分類した。

「妻」「妾」ともに最も多かったのは、三者関係を克服して今後の人生をどのように送るべきかという「身の振り方」についての相談である。次に多かったのは、三者関係の中心にいる夫に対して、それぞれの立場からどのような関係性を保つべきかについての相談である。さらに、妾が産んだ子どもの処遇をめぐって、妻が引き取るべきか、または妾が引き取るべきか、妾時代に産んだ子ども

表7　「妾」「妻」の相談内容の内訳（筆者作成）（単位：件）

番号	項目	「妻」	「妾」
1	今後の身の振り方について	8	10
2	子どもについて	1	2
3	「夫」との関係について	7	6
4	その他	1	0
合計		17	18

に会いたいがどうすべきかといった相談がなされた。ほかには「その他」として妻からの相談で、生活の困窮のため夫の妾に金銭的に頼らずにはいられない状況にあって、その援助を妾に頼むべきかどうかというものがみられた。

妻と妾の相談事項を表にまとめてみると、内容に大きな違いはないようにみえる。「今後の身の振り方」について悩みを抱える相談が最も多かった点で同じであり、相談件数も妻が八件、妾が十件とそれほど大きな差はない。しかし内容を詳しく検討してみるとその性質が異なっていることがわかる。妻の「身の振り方の悩み」は、一夫一婦形式のなかに埋没したもので、人生が行き詰まっているという観念が非常に強かったのである。

例えば、妾に夢中になって家の雇い人の目も気にせずに朝帰りする夫をとがめたことで家を出ていけと言われ、そのことに対する恨みを抱きながら、「出て行かうかと思ふこともありますが折角子供をこれ迄してと心がにぶりいつぞ死んでしまひたいと思ひます」「今更こんな思ひをする位なら何故あの時分別れなかつたかと毎日やるせない思ひで子供の守をしてをります」という妻による相談がある（「妾狂ひで出てゆけがしの良人を恨む」一九三二年九月一日付）。相談の最後にとってつけたように「とるべき道」が何か、今後の身の振り方を考えているが、相談内容の大部分は妻をないがしろにして妾のもとに通う夫に対する恨み節である。それは「死んでしまいたい」くらいに悔しいことなのである。

また、一九三六年六月三十日に掲載された記事(「妾狂ひをする上に裸で出ろといふ夫」)には、夫の「妾狂い」に何年も悩み、夫が気持ちを外に向けずに家に落ち着いていてくれるように苦心しながらも、妾問題で夫から暴力を受けて中耳炎まで患ってしまったという話がつづられている。夫は妻に対して「いやならお前は裸で出て行け」というが、「私も今着のみ着のまゝで出されては困ります、自分の衣類は勿論のことせめて半年や一年の生活の保護さる可きものは主人に出してもらひたいと存じます、尚別れるにしても明るみに出さないでそつと別れたいと思います」として、別れるためにいい方法がないかを尋ねている。この相談者も今後の身の振り方を検討してはいるが、夫から提案されたことでそうせざるをえない状態になり、経済的自立の見込みがないなかでその見通しが立つのかどうかの不安にさいなまれ、受け身的に「今後の身の振り方」を考えなければならない事態を迎えている。

このように自立する経済力がないために夫との離婚をためらう妻の様子はほかの相談記事にもみられる。妻妾同居を強いられる妻の相談では「私に出て行けと申しますが、着て出るボロさへもなく、殊に四人の子供を連れて出て行く所もなく、涙をのんで此世ながらの地獄の生活を致して居ります」(「子迄連れた妾と同棲 貧と虐待に悩む人妻」一九三四年十二月六日付)と語られている。

ただし、「身の振り方」に関する相談で、経済的自立が達成できるかどうかが不安材料になっているということについていえば、妻だけでなく妾の側からも同様の観点からの相談事例がある。例えば、一九三三年八月二十一日の元芸妓である妾の相談記事(「芸者から妾となつたが行く先を案じる女」）には、夫と別れたあとに親に仕送りするためには再び芸妓に戻らなくてはならないが、その世界に戻るべきかどうかが相談されている。また、芸妓稼業の経験しかなく、現在の夫との関係を清算したとしても、この先生きていけるかどうか心配であるという記事（「生きて行かれるかゞ疑はしいので悩む妾」一九三五年七月十一日付）も確認することができる。

一方、妾の「身の振り方」の悩みの特徴として、別れたあとの暮らしを想定する以前に、現在の暮らしは「日蔭の身」の暮らしであり、世間から認められることだとは思っていないので、とにかくそうした立場からまず脱するべきではないかと相談している点があり、その視線は夫妾関係の外へと向かっている。

例えば、「何不自由なく」暮らしてはいるが、正式な夫婦ではないことが唯一の悩みであるという女性から、「主人は万一死別しても一生困らぬやうにしてやると申しますし、まことに気楽な生活ですが子供も出来ず（子供は出来ない様に主人はして居ります）一生を肩身せまく暮すことを考へると味気なく」（「避妊法を施され日蔭の身をなげく妾」一九三三年五月十六日付）、別れて新生活に入るべきかという相談が寄せられている。

また、家から追い出された妻が妾の家に居座ってしまい、夫の家庭のもめごとに巻き込まれるくらいなら、辛抱せずに新しい道に進むべきなのではないかという妾の相談がある。「私はずゐぶんいろく\辛抱してきましたが、これ以上は到底辛抱できかねます。いくら主人が怒つても、この際きつぱりと別れたひと思ひます」（「養母と妻に虐待され逃げ出したい妾」一九三三年九月四日付）という決意まで語っている。

このように、妻の場合は一夫一婦の関係がジェンダー社会の結節点になっていることがかえってあだになり、その悩みを解消する視点を一夫一婦関係のなかに沈潜させてしまっているといえる。したがって、別れるために積極的に相談を持ちかけるというよりは、妾を囲う夫に対する恨み節にとどまる傾向があった。一夫一婦の婚姻原理にとらわれ、限定された空間のなかで身動きがとれなくなっている妻の像を確認することができる。

これに対し、妾の場合は初めから婚姻制度の外部にいるため、慣習としてその立場が人々に認識されるものであっても、このまま関係を続けていくことはよくないと本人も自覚している。夫との関係を解消したあとの生活の不安を示している点は、夫妾関係の規範に完全に縛られていないとはいえないが、少なくとも妻のように一夫一婦のなかに埋没して息が詰まるような感じは受けない。

すなわち、妻は一夫一婦のなかに閉じていく傾向にあり、解決の糸口を一夫一婦関係の外に見いだしにくく、閉塞感を抱えていたのに対し、妾は夫妾関係の解消つまり外へ展開する発想を有する立場にあった。一九三〇年代、一夫一婦の妻の権利が声高に主張された一方で、妻たちはその関係に先行きの不透明な不安や、やり場のない不満を感じていたのである。

婚姻制度の外部に立ち上がる「恋愛」という感情

次に注目したい相談項目は、「「夫」との関係について」である。「妾」による相談記事六件のうちの五件が夫と別れたくないという内容で、周囲からは別れることを勧められているが、夫に対する情が深く、別れるなんて考えられないという切々とした心情を訴えるものだった。身の振り方については冷静な視点をもって考えることができた妾であっても、夫との愛情関係に対してはその限りではない姿を確認することができる。

例えば、一九三三年八月十五日付に掲載された相談には、義父の友人の妾になった女性が、母親と弟から妾をやめて酌婦（料理屋や居酒屋などで酒の酌をする女性。ときには売春もおこなった）になってほしいともちかけられていることに対し、「〔自分には〕妾の様な心は少しもありません」と言い、「猛烈に恋する」ようになった夫と関係を続け「念願を叶へさせたい」という気持ちを語っている（「妾？を止めて酌婦になれと云ふ母弟」）。また、三四年五月十七日には「奥様には申訳ないが主人と別れられぬ妾」というタイトルで妾の相談が掲載されている。夫との間に子どもを産んだことによって夫に対する愛情が募り、「旦那さま一人の為にささげたみさをを立て通したら罪は許されませうか」と妻に遠慮の気持ちを示しながらも、夫と別れることはどうしてもできないという内容である。また、夫との間に子どもが生まれたことが妻に知られ、子どもを引き取ると言われているが、自分は夫を信じ思い続けていて、どうしたらいいかという相談もある（「子を引取りたいとの奥様の申出に悩む妾」一九三四年五月十九日付）。さらには、「世間様ににくまれる人の妾」になっているが、「いくら妾でも人情にかはりはありません。もしどうしても別れさせられるならば私は気が遠くなり相です」と夫への恋情をにじませながら、妻と話をつけられないかを相談するものまである（「どんな事があつても別れられぬ日陰の女」一九三六年一月二十三日付）。このように、三〇年代には妾が夫に対して「恋愛」の感情をもつことがしばしばあったことが確認できる。これは第1章の分析結果とは異なる様相である。第1章では論じたほとんどの文学作品に――樋口一葉の「軒もる月」を除いて――、夫のことを奉公すべき「主人」として理解して夫妾関係を結ぶ妾が描かれていたことを指摘した。分析の資料が文学作品から新聞記事へと変わっているため厳密ではないが、妾が夫に恋愛の感情を抱くようになった変化をおおよそここで捉えておいてもいいのではないか。第2章で指摘したように、この間にロマンチックラブイデオロギーが現れ、結婚に至る関係だけでなく、恋愛による婚姻外の関係が愛人という言葉で認識されるようになった事情を踏まえておきたい。妾と愛人は異なるものだが、恋愛という文化現象が妾という立場の女性にも及んでいることが推測される。

前節で社会的には一夫一婦の形式が貫徹されながらも実際には妻たちが閉塞感を抱いていたことを指摘したが、その不具合の原因は、夫と妻以外の女性との恋愛の関係性にあったのではないか。文壇では一九二〇年代に恋愛論が盛り上がったが、一方で親の意向が優先される婚姻が遂行されていて、「妻」がこのジレンマに陥ったことは第2章の婦人雑誌の愛人記事に確認した。夫婦の「愛情」が前提になるべきはずなのに、夫の愛情が夫婦の外部に向かってしまうことによって、追い込まれる妻の様子を三〇年代の身の上相談記事にうかがうことができるのである。

さらに指摘するなら、妾と交際する夫との関係に悩む妻は、その相談のなかで生活が立ち行かないなどの理由から夫への恨みの感情を募らせていたが、妾のように夫との愛情関係を失いたくないという感情は顕著ではなかった。「愛」を喪失することに対するおびえというよりも、生活の基盤を置く夫婦関係存続についての絶望、その制度に身を置く自分の立場の行き詰まりに対する閉塞感という感情が目立っている。

つまりこの場合、恋愛を遂行する主体は妾だったのである。一九三〇年代、妻たちは、妾を殺さなければならないほどの危機に直面した。一夫一婦の婚姻制度が自分にとって効果的に機能しないにもかかわらず、そのなかに取り込まれて動けない妻の像が浮かび上がる。

おわりに

以上、本章で論じたことをまとめる。

第1節では、「読売新聞」の記事を資料として、創刊時から一九三〇年代にかけての妾をめぐる言説を分析した。まずはじめに、一八七四年から一九三〇年代まで「読売新聞」に掲載された「妾」「妻」「夫」の三者関係の刃傷沙汰事件の報道記事を抽出し、その記事のジェンダー分析をおこなった。これによって、事件の加害者として最も多かったのは妻であり、また、被害者として最も多かったのは妾であることを示し、夫を起点として妻と妾が二分化される事態を確認した。

全期間を通して、妻の犯行の動機は主として「嫉妬」と説明されたが、一八七四年から八五年と一九三〇年代の嫉妬に関する人々の意識は決定的に異なっていた。一八七四年から八五年の時期の妻による犯行は、嫉妬した妻に非があるとして記事ではとがめられていた。一夫多妻の婚姻制度が認められていた時代には、妻の嫉妬は批判されるべきことだったのである。しかし一夫一婦のイデオロギーが補強される三〇年代に入ると、嫉妬の感情に対して強い批判はされなくなっていた。むしろ、犯罪の加害者であるにもかかわらず、妻は三者関係のなかで悩む被害者として世論の同情を集める立場になり、犯行の動機になった「嫉妬」の感情は積極的に容認された。そしてその犯行に至る原因になった夫と妾の関係を問題にする視点が形成され、妻の位置づけの正当性を主張する論理のなかで「嫉妬する妻」の像が確立していた。一方、妾は犯罪の被害者であるにもかかわらず、一夫一婦の妻の権利を脅かす存在であり、妻の犯行に至る道義的責任を問われるという論理で排除されたのである。

しかしながら、第2節で別のテクストとして一九三〇年代に開始された新聞の身の上相談「悩める女性へ」の内容を分析してみると、一夫一婦の法制度が遂行される時代に、妻がその形式のなかで支障をきたし煩悶する様子を確認することができた。妻の不具合は、夫と恋愛する妾に起因していたと考えられた。また、夫との恋愛感情に揺れながらも、夫妾関係を乗り越えようと関係の外へ発想が展開する妾に対して、妻は婚姻関係の内部に落ち込み、生活に対する不安と、夫に対するやり場のない不満を夫婦関係のなかに溜め込んでいく様子を捉えることができた。すなわち、事件報道では妻と妾との非対称の関係が明らかになったが、身の上相談記事からは、一夫一婦の関係に束縛されて閉塞感を抱える妻の危機的状況が示されることになった。妻は妾の生死さえ脅かすような権利をもっているかのように見えながらも、他方で性のダブルスタンダードを容認する婚姻制度のなかに閉じ込められて身動きが取れない状況に陥っていたのである。

しかし妻の不満は、矛盾を抱え込んだ婚姻制度への批判にはつながらなかった。世論は妻への同情を募らせ、妻の立場を守ることに向かった。一夫一婦の構築過程で、妾は妻の危機を触発する存在だったのであり、妻の立場を揺るがす脅威として排除された。むしろ、排除したいという意志ははたらいたが排除しきれずに、妾の実態が残り続けたのでこのような問題が生じることになったというべきだろう。夫との愛情関係は誰が築くのか。本章では、近代日本の一夫一婦制度が、妻と妾という女性間の分断を深め、必然的に一方が他方を排除するはたらきをもたらすものだったことを確認し、一九三〇年代の妻が抱えた葛藤を示すことになった。

注

(1) 加納実紀代「白の軍団「国防婦人会」——女たちの草の根ファシズム」、岡野幸江／北田幸恵／長谷川啓／渡邊澄子編『女たちの戦争責任』所収、東京堂出版、二〇〇四年

(2) 同論文七ページ

(3) 私たちの歴史を綴る会編著『婦人雑誌からみた一九三〇年代』同時代社、一九八七年、四ページ

(4) 永嶺重敏『雑誌と読者の近代』日本エディタースクール出版部、一九九七年

(5) 読売新聞百年史編集委員会編『読売新聞百年史』読売新聞社、一九七六年、四六ページ

(6) 濱（山﨑）貴子「1930年代日本における職業婦人の葛藤——読売新聞婦人欄「身の上相談」から」、京都大学大学院教育学研究科編「京都大学大学院教育学研究科紀要」第五十七号、京都大学大学院教育学研究科、二〇一一年、五三二ページ

(7) 「ヨミダス歴史館」「読売新聞ヨミダス」(https://database.yomiuri.co.jp/about/rekishikan/)［二〇一六年十二月一日アクセス］

(8) そのほか分析の対象とした記事のうち、一件だけ「女」という呼称で報道されたものがあったが(一八八八年九月二十九日付)、この記事ではその「女」が住むべき場所として「妾宅」という表現があることから、分析の対象に含めた。

(9) 加えて、殺人事件として報道されたが実際には誤報だったという記事もあったが、これにはついては「報道された事件」として件数に含むことにした(一八七六年四月二十二日に報道された記事が誤報だったとして、同年五月三日に訂正記事が掲載されている)。

(10) この表は、約七十年間に報道された事件の全体の傾向を知るために作成した表である。三者関係で起きた刃傷沙汰事件(殺人とは限らない)の新聞報道に絞っているために、この件数が多いか少ないかについて、殺人事件実数との厳密な比較は難しいが、例えば、法務省の「犯罪白書」(令和四年版)によると、殺人事件の認知件数は二〇二一年で八百七十四件が数えられていることを指摘しておく。

(11) 同時に二人が被害者になる場合や、心中が疑われるなどして犯人不明で報道される場合などがあったため、不明のものは数えず、特定できたものを計上した。また比率は全体的な傾向を示すにとどまるものである。

(12) 一八七四年から八五年の時期は、表4「「妾」「妻」「夫」の刃傷沙汰事件の報道件数」では第一期と第二期に含まれるが、実はこの時期に絞って数えてみると、報道された事件が八件とその件数は全体の傾向と比べて多くなっている。また報道件数でいえば、一九三〇年代も同様に多かったことを指摘しておく。

(13) 一九三三年四月十五日付の朝刊と夕刊両紙で報道された事件では、「妻」は「妾」とともに「夫」にも手をかけている。

(14)「読売新聞」は一九一四年四月三日付から「よみうり婦人附録」をスタートさせ、その年の五月二日付からは現在まで続く「人生案内」の前身である「身の上相談」コーナーを設置した。三一年から三七年まで連載された「悩める女性へ」はその身の上相談の一つだった。

(15)赤川学「日本の身下相談・序説――近代日本における「性」の変容と隠蔽」、東京大学社会科学研究所編「社会科学研究――東京大学社会科学研究所紀要」第五十七巻第三・四合併号、東京大学社会科学研究所、二〇〇六年、八二ページ

(16)桑原桃音「大正期『読売新聞』「よみうり婦人附録」関係者の人物像にみる「身の上相談」欄成立過程」、『龍谷大学社会学部紀要』委員会編「龍谷大学社会学部紀要」第四十六号、龍谷大学社会学部学会、二〇一五年、一〇〇ページ

(17)この記事の検索も「ヨミダス歴史館」を利用した。検索キーワードは「悩める女性へ」「妾」「愛人」「権妻」である。事件記事と同様の理由で、このキーワードでヒットしたもののうち、その女性を「愛人」という呼称だけで表記している記事は対象にしていない。

(18)現在の立場が「妻」であっても、以前「妾」だった時代があり、その時期についての相談をしているものが一件(「お妾時代に産んだ子に逢ひたい人妻」一九三二年十二月二十四日付)あったが、これは「妾」の事情から相談しているため「妾」の相談項目とした。

第4章 戦後の愛人——働く女性、性的存在、不道徳な存在

はじめに

本章では、戦後から二〇一〇年代までの愛人像を、文学や週刊誌の記事を資料として分析する。

第2章では戦前の愛人について検討し、愛人という言葉が「恋愛をする人」の意味で使われるようになったのは北村透谷の恋愛論が話題になった時期であり、その言葉の使用が勢いよく広まっていくのは、恋愛論ブームの時期と重なる一九二〇年代だったことがわかった。愛人は近代の恋愛概念の創出過程とともに歩み、恋愛を遂行することが思想的営為として知識人に評価された時代には、人々に好ましいものとして理解されていた。また、婦人雑誌では「妾」と混同され「愛人」が使用される状況もあったことを示した。さらに、愛人は婚姻の前に交際する恋愛関係にある相手や、婚姻外の恋愛関係にある相手という意味の双方で使用されるという、二つの意味の方向性が生じてい

たことを確認した。そして戦後の愛人につながる視点として重要になるのが、新聞記事にみる波多野秋子と山田順子という愛人像から、人々の羨望のまなざしの裏に潜む愛人を危険視する意識を読み取ったことである。有島武郎が残した手紙では、「愛人」と「恋人」という二つの言葉の微妙な書き分けがされていたことを指摘した。

戦後の愛人は、そのような危険視や、「愛人」と「恋人」を微妙に書き分ける意識の延長線上にある。戦後の解放感のなかで、一時は社会変革の理想を体現する先進的な女性としての愛人像が造形されたが、まもなくその言葉の磁力は弱まり、社会的に差し障りがある存在へと変貌していく。ジェンダー規範にとらわれず主体的に生きるクールな愛人像は、人々に眉をひそめてささやかれる不道徳な存在として扱われるようになっていくのである。

本章の分析は、戦後という時間軸を対象としていて取り扱う時期が長期にわたるため、まとまった分析資料を抽出しにくいという事情もあって、二つの段階を設けて議論を進めることにする。まず、敗戦直後から一九五〇年代ごろまでの分析を第一段階とする。四〇年代後半に愛人について描かれた三つの文学作品を資料として取り上げ、この時期に描かれた愛人のあり方をジェンダー構造の文脈のなかで読み込み、戦後愛人の原型として捉える。そして五〇年代に戦後愛人の原型イメージに変化が生じたことを映画作品を資料として論じ、この時期に「配偶者以外の、社会的に容認されにくい関係にある相手」（前掲『日本国語大辞典 第二版』）という意味で、不道徳な存在としての愛人イメージが確立することを指摘する。

次に、一九六〇年代以降の分析を進める。この時期は「週刊文春」（文藝春秋）や「週刊新潮」

（新潮社）の創刊が相次いだため、六〇年代から二〇一〇年代に至るまでの一貫した記事検索が可能だった。したがって、第二段階は週刊誌というメディア媒体の特徴を踏まえながら、週刊誌の愛人言説、また週刊誌に掲載された文学作品を取り上げて分析し、そこで打ち出された愛人イメージの変遷をたどり、引き続き一夫一婦との関係から位置づけられる愛人の役割を検討する。

繰り返すが、本章での議論も愛人の実像や実態を示すものではなく、時代の意識を反映する文学作品、映画、週刊誌に示された愛人のイメージを提示するものになる。

1　戦後愛人の原型——一九四〇年代後半から五〇年代

まず、一九四〇年代後半に書かれた三つの文学作品を取り上げる。三つのうちの二つはまさに「愛人」というタイトルが付けられた作品であり、戦後の先進的な女性のあり方が「愛人」として「恋人」との書き分けのうえに描かれている様子をうかがうことができるものである。また、もう一つは、戦前と戦後の断絶を象徴する華族制度の崩壊を題材にした物語であり、没落した華族が革命的に生きようとする姿を描き、その志を体現するものとして愛人という存在が用いられている。この三つの作品から、敗戦後に民主主義の理念をもつ新しい時代が到来したことで、前時代の旧習を改めて革新的な生き方が示される、作家たちが造形した愛人像を確認することができる。それでは、彼らによって描き出された愛人のあり方をみていくことにしよう。

高村夕起子の『愛人』（一九四七年）

最初に取り上げるのは、高村夕起子の『愛人』である。高村という女性作者がどのような人物だったのかは不明だが、この小説の「あとがき」で避妊法の問題が「国家的懸案」であるためにこれを題材にした小説を書いたと記していることから、社会運動もしくは医学的啓蒙の立場からペンを執ったことが推測できる。

この物語の主人公・安藤八重は電気会社の事務所で働く女性である。安藤は会社で出会った男性と性関係に及び、未婚で妊娠する。物語では、妊娠する女性の生理について当の女性たちが無自覚であることを描いて、どうすれば女性は妊娠するのか、またどうすれば妊娠しないですむのかという妊娠のメカニズムを、主人公の言葉を通して読者に教示する構成になっている。そしてこの主人公は、女性解放思想に目覚めた女性としても描かれている。

あたし、今までの日本の女は、だめだとおもうのよ。こころにおもつていることが、ちつとも表現できないんですもの。つつしみぶかいのが女のたしなみなんていわれて、だまつているのが女の手本みたいにいわれ、女もまたそれをふしぎにおもわなかつたのだけれど、たとえば恋愛のときだつて、表現のへたな、へたというよりだまりこくつてばかりいる従来の日本の女は、自分自身で敗北をまねいているんぢやないかと気付いたのよ。(1)

女性が置かれた社会構造に対する批判にまでは及ばないが、その構造に甘んじる女性の意識を問題にする視点が形成されている。安藤はその意識から会社で知り合った男性と性関係に及び、女性の生理に目覚め、主体的に体に関する知識を得ようと行動を起こすのである。

物語の展開としては、会社で知り合った男性と性関係を結んで妊娠するも、その男性は会社の出張と称して関西に行ったきり行方がわからなくなり、男性を追って彼女も東京を離れることになったところで結末を迎える。この二人はともに未婚だが、性関係に及んでも結婚を考えることはなかった。

そのため、そのような二人の関係が物語で積極的に「恋人」と捉えられることはない。二人がまだ性関係を結ぶ前、洗足池で安藤と男性が一緒にいたところを警官に職務質問されるという出来事があった。警官から二人は恋人同士なのかと問われたとき、男性は一瞬、その返答に困っている。結局は恋人だと答えるが、これを契機に二人の関係は進展し、性関係を結ぶに至っている。

しかし、性関係を結んだあと、安藤が友人に男性を紹介しようとしたとき、「恋人」とは言いきらず、「私が、前にいっしよの会社にいた、大内さん(2)」と紹介するにとどまった。これは、二人の関係が一時のものであり、恋愛の感情も希薄で結婚に至る正当な関係にはないという安藤の自覚が「恋人」と答えることを躊躇させたと考えられる。安藤の友人も二人の性関係について聞かされたとき、「不純な恋をみせつけられた今日の日が、乙女のこころをたえがたい恥辱に感じさせ、また、はじめてのぞいた情痴の世界に、肌の戦慄するようなスリルを感じ(3)」たという感想を漏らすくらいだった。

『愛人』というタイトルが付けられているが、この物語のなかで愛人という言葉は一度も使われることがなかった。二人の関係は恋人という言葉で表現されることもあったが、それはためらいながら使われるものだった。こうしたことから、結婚に至らないにもかかわらず性愛関係を結ぶ者のことを「愛人」と示していると考えられる。そして、そのような関係は不純であり、人々に恥辱と戦慄を感じさせるほどの背徳性を帯びるものとして描かれた。

丹羽文雄の「愛人」(一九四九年)

丹羽文雄の「愛人」は、一九四九年に「朝日新聞」系地方紙六紙に連載された新聞小説である。主人公の花吹町子は、女学校の教員から出版社の社員に転身した女性で、安藤八重と同様、これまでの日本の女性の生き方を批判的に考えている。花吹の場合は批判が直接、自分の母親の人生に向けられた。彼女は母親の生き方を「不聡明」だと考え、家のなかにとどまらず、外に働きに出る自立した女性の生き方を貫こうという志をもつ女性だった。花吹は、母親の日常を次のような冷徹な視点で観察している。

この母は家中でいちばんおそく寝て、朝は誰よりも早く起きる。子を生むこと、育てること、炊事衣類の世話、それだけに限られていて、ろくろく外出したこともない。映画ひとつのぞいたことがない。新聞を、ゆっくり読んでいる暇もなかつた。
それでいいて、何の不足も訴えない。運命に甘んじているのか。無自覚なのか。働き蜂のように、せっせと働いているだけに、段々と年をとっていくことも、本人には気が付かない[4]。

彼女のこうした思考は、民主的な解放感のなかで「やりたくないことはやらない」という意志が通るようになった戦後日本の状況によるところが大きいと考えられる。いやなことでもやってきた旧来の女性に対する軽蔑の意識が露骨に描かれた。

そして、花吹は結婚と恋愛は別だと考えていた。会社で知り合った同期の可児志功と恋愛関係を結び、会社と恋人の家を行き来する生活に心から満足していた。

しかし、そのような充足感は彼女の妊娠発覚と、可児が出張先の大阪で新たな女性と恋人関係になってしまったことで崩壊した。花吹は妊娠が判明したときに可児に頼らず堕胎することでその問題を解決したはずだったが、可児が大阪の女性と避妊具を使って性交をしていたことが発覚し、自分には避妊の配慮がなかったことに愕然とするのである。けれども、職業があって経済活動をしていることに自尊心をもち、可児との性関係についても主体的な意志から結んできたという意識があって、その女性と別れることをはっきりと要求することができなかった。

そして二人の女性との関係をはっきりさせないまま、可児は出版社を辞めて大阪へ移っていき、彼女もまた仕事を辞めて彼の後を追って大阪で同棲生活を始めるも、結婚には至らないまま妊娠・堕胎を繰り返すという状態で物語は終わる。出版社の社員として作家から仕事を評価されるようになっていた矢先、男性のためにそのキャリアを棒に振り、彼が住む家に転がり込み、日銭を稼ぐためと割り切って再び女子商業学校の教師として働くその姿に、花吹が当初描いていたような将来性を見込むことはできない。

このような最終的に自立に失敗する女性に、物語では「愛人」という言葉を与えて、「恋人」との書き分けをしている。

御幸芙美子とあつている。恋人として逢つている。東京に花吹町子という愛人のあることを承知で御幸芙美子は可児志功を愛すのである。(5)

御幸芙美子とは、可児が大阪で出会った新たな女性である。避妊具によって男性から体を大事にされている女性は「恋人」としてくくられ、一方、避妊具を使わず性関係を築いた女性は「愛人」と考えられている。

そもそも、花吹と可児の性愛関係はお互いの家でおこなわれていて、花吹の場合は親公認の関係だったが、可児の家ではそうではなかった。可児は家督を受け継いだ姉の家に居候する身で、その家の敷地にある別棟で寝泊まりをしていた。別棟に出入りする花吹は、家の者に紹介されることはなかった。そうした二人の関係は、母屋の人たちからは「野合」ではないかと後ろ指を指されていた。正式な手続きは取らず、婚姻関係の外部で、人に知られることを躊躇するような性愛関係（野合）を結ぶものが愛人ということなのだろう。

また、恋人とされた可児の新たな女性が「御幸」という名字であることも興味深い。いずれ可児は花吹を捨て、御幸と結婚して彼女と「幸せ」な結婚生活を送るだろうという伏線が張られている。

「恋人」は将来婚姻関係を結ぶ存在とされ、「愛人」は婚姻関係に至らない者という扱いでその外部に据えられ、愛人が行き着く先には経済的・精神的自立の失敗が用意されていることが読み取れるのである。

このように、高村夕起子と丹羽文雄の「愛人」は、「恋人」とは書き分けられ、婚姻制度の外部で男性と性愛関係を結び、妊娠・堕胎する女性のことだった。さらに、そのような女性は家の外部を志向する自立意識が高く、前時代の女性の生き方を批判することが可能なクールな女性像として描かれた。戦前の愛人は恋愛思想のなかで語られ、ロマンチックラブイデオロギーの遂行者として好意的な評価を得ていたが、この時期の愛人は、性・愛・結婚一致の関係性を見事に裏切っている。そうした関係は「不純」や「野合」などの言葉で批判され、人々から後ろ指を指される存在としても描き出された。つまり、自立する現代的なヒロインは作家によって肯定的に描かれたといえるかもしれないが、『愛人』という言葉には、社会の否定的な視線が含まれていることが作者に了解されていたものと理解できる。

「働く女性」としての愛人

もう一つ指摘しておきたい点は、二つの物語の主人公である安藤八重と花吹町子は、ともに敗戦後の復興に伴って復元された都市的な女性の職業に従事するタイプの働く女性だったことである。敗戦前の日本には、四百万人を超える女性労働者(雇用労働者)が存在したといわれているが、それが敗戦直後(一九四六年)は二百七十八万人にまで減った。(6) しかし、そこから朝鮮戦争による軍需景気に支えられ、一九五五年にかけて五百十万人まで一気に増加する。[7] 明治や大正期の女性労働者といえば製糸や紡績産業に従事するものがその典型だった。それはそのまま敗戦から十年たった五五年でも大きな比重を占めていた（三五%）が、戦後は事務職が増加して女性労働者全体の二二%を占め、存在感を増している。[8] このあとさらに女性の事務職労働者は膨張していき、七〇年には生産労働者とほぼ変わらない規模になってくる。[9] 安藤と花吹はこの層の女性たちだった。この二人は、敗戦によって女性労働者がいったん仕事の場から離れたあと、再び増加に転じる時期に、都市部で事務員という戦後の女性労働のなかで領域を拡大させた職種に従事する、新しいタイプの働く女性だった。

太宰治の「斜陽」（一九四七年）

三つ目に取り上げるのは、太宰治の「斜陽」である。一九四八年に玉川上水で入水自殺を遂げた太宰がその前年に書き上げた作品であり、「新潮」（一九四七年七月号―十月号、新潮社）に連載された。戦後に廃止された華族制度をテーマに、華族時代の栄華の記憶を抱えながら、新時代の流れのなかで崩壊していく没落華族の生き方を描いている。

物語の主人公は、かず子という二十九歳の女性である。父親が亡くなったあと、戦地に行った弟の消息を気にかけながら母親と二人で暮らしていたが、東京の西片町から伊豆の山荘へと移住する。かず子の母親は、子どもたちから「ほんものの貴婦人の最後のひとり」[10] と言われたが、戦後を生き延びる力はなく、肺結核にかかって山荘であっけなく息を引き取った。母親の死後、かず子に残された家族は弟の直治だけだが、直治は麻薬の常習者で、復員後は作家の上原二郎のもとに出入りしながら放蕩生活を繰り返し、こちらもあっけなく自殺してしまう。弟が姉に残した遺書では、華族という自身の影法師から離れたくて荒んだ生活を送ったことを告白している。直治は華族が廃止される前の時代から、華族としての生きにくさを感じていた繊細な感性の持ち主であり、その自滅は敗戦で前時代の体制が崩壊したことで予定調和的に訪れたとみていいだろう。

　一方、姉のかず子は母親や弟に比べて生命力が強い。一度は嫁いだものの子どもを死産して離婚し、実家に出戻ってきても、伊豆の山荘に都落ちしても、畑を耕し、食べることに気を配り、毎日を生き延びようとしている。彼女を支えたのは、恋しい人の子を産み育てるという目標であり、それは彼女にとって「道徳革命の完成」と考えられた。

　生き延びるための戦略であり、道徳革命の手段として考えられたこの「恋しい人の子を産み、育てる」という立場が、物語のなかでは「愛人」という言葉で語られる。かず子の恋しい人とは、直治が師事した上原二郎である。上原には妻も子もいることを承知で、かず子は「私の恋をしとげたい」という気持ちを手紙で告白する。その気持ちを次のように三回、上原に書き送っている。

〔一回目の手紙〕

私が前から、或るお方に恋をしてゐて、私は将来、そのお方の愛人として暮すつもりだといふ事を、はつきり言つてしまひたいのです。[11]

〔二回目の手紙〕
私は、あなたの赤ちゃんがほしいのです。（略）
私はもうあなたとの結婚は出来ないものとあきらめてゐます。あなたの奥さまを押しのけるなど、それはあさましい暴力みたいで、私はいやなんです。私は、おメカケ、（この言葉、言ひたくなくて、たまらないのですけど、でも、愛人、と言つてみたところで、俗に言へば、おメカケに違ひないのですから、はつきり、言ふわ。）それだつて、かまはないんです。[12]

〔三回目の手紙〕
私のこの胸の炎は、あなたが点火したのですから、あなたが消して行つて下さい。私ひとりの力では、とても消す事が出来ないのです。とにかく逢つたら、逢つたら、私が助かります。万葉や源氏物語の頃だつたら、私の申し上げてゐるやうなこと、何でもない事でしたのに。私の望み。あなたの愛妾になつて、あなたの子供の母になる事。[13]

上原からの返事がこないので、三回続けて手紙を送っている。愛人として上原の子どもを産んで育てることが至上命題と考えたかず子は、必死になって上原に接近しようとする。当初、上原はかず子を相手にしないが、弟の死後に二人は性関係を結び、かず子は上原の子どもを妊娠することになる。子どもを妊娠したかず子は、新時代に生き残る自信をつけている。そしてもはやこのとき彼女の上原への気持ちは冷めていて、男に頼らず「私生児」とともに生きる覚悟を決め、彼女の道徳革命を成就させる。自分を「道徳の過渡期の犠牲者[14]」と見なしながらも、「古い道徳を平気で無視して、よい子を得たといふ満足[15]」を得る境地に至ったのである。この「古い道徳」とは戦前の家族観念のことを示していると考えられる。妾文化が繁栄した前時代では妻以外の女性に子どもを産ませることは華族の男性たちにはよくあることだったことは第1章ですでに確認した。だから、この場合は、おそらく自らの意志で相手を選ぶということ、婚姻制度を補完する妾のような存在にならないという意味で、古い道徳を無視することができたと考えているのだろう。

そしてもう一つここで注目したいのは、「愛人になりたい」というかず子の要求に対して相手の反応がなかったため、その関心を自分に向けさせようと、手紙の回数を重ねるごとにその言葉が愛人→おメカケ→愛妾と変化していたことである。愛人は妾の俗称だとかず子は言っているが、愛人＝妾という理解は一九二〇年代の婦人雑誌にもみられたものである。先の高村と丹羽の「愛人」は、妻子ある男性と交際する女性ではなかったが、この場合、妻子ある男性と付き合うという事態から、愛人と妾が同一視されたのだろう。愛人→おメカケ→愛妾と言葉が変化し、自分の欲望を受け入れてもらうために相手にへりくだっていく姿勢が表現されている——ここではへりくだった態度を示したが、妊娠したあとは上原に対するかず子の関心は急速に冷めている——。愛人が妾を体よく言い換えた言葉としても流通していたなかでも、愛人という言葉には妾の俗っぽさとは反対に高潔・高尚な響きがあったということだろう。自己破滅の願望をもった作者の太宰が、自身をモデルにしたと考えられる上原を愛人と関わらせて、自分の生き方をあえておとしめるのに「愛人」が利用されたにすぎないともいえるかもしれないが——そうであるならば先の二つの作品と同じように愛人に対する社会の否定的な理解があることを示していることになる――、愛人はこの作品のなかで戦闘的な言葉として響き、道徳革命の狼煙を上げるのに適した存在だったと考えられる。

そして、「斜陽」の愛人も高村・丹羽の愛人と同じように、婚姻外で男性と性関係をもって妊娠する女性である。つまりこの三つの作品から、「愛人」は、時代の転換点に旧時代の規範を打ち破り、新しい時代の象徴になるような革新的な思想をもつクールな女性像として作家に造形されたと同時に、婚姻外で男性と性関係を結び妊娠や堕胎をする性的存在として描き出されたと理解できるだろう。このような女性像を、戦後愛人の原型として捉えることにする。

一九五〇年代の変化――成瀬巳喜男の『夫婦』(一九五三年)

一九四〇年代後半、愛人は作家たちによって革新的な存在として造形されたが、一九五〇年代に入るとその革新性は薄れ、妻たちから眉をひそめて語られる不道徳な存在へと変形し、愛人に対するネガティブなイメージがいよいよ主流になってくる。その変化を明確に捉えることができるのが、成瀬巳喜男監督の映画『夫婦』(一九五三年)である。

上原謙が夫役、杉葉子が妻役で出演するこの映画には、妻の友人が自分の夫の浮気について次のように愚痴をこぼす場面がある。ここで「愛人」が登場する。

友人：私なんか家にいるときだってブラジャー必ずしててよ。だって子供二人も産めばいやでも崩れるでしょ。ねえ。

主人公妻：あら、そう。
友人：まあ、呑気ねえ。
主人公妻：あなた早かったからね。
友人：ええ、だからね主人なんか私のこと女って気がしないらしいの。
主人公妻：まあ、まさか。
友人：笑いごとじゃないのよ。まあ、あなたって何も知らないのねえ。古くなりますとね、夫は何食わぬ顔してても、妻が寝返りを打つとぞーっとするんだそうよ。
主人公妻：なんのこと、それ？
友人：つまりね、妻にサービスしなきゃならないのかと思ってぞーっと身震いがするんですって。
主人公妻：まあ、お宅の旦那様？　ふふ。
友人：あら一般的にほとんどそうよ。世間の夫というものは……。
主人公妻：いやあ……。
友人：彼は顔に出さないのよ、だから奥さん何も知らないけど、夫というものは妻以外の女性でなければ女性を感じなくなるっていうんだから。悲しいもんだわねえ。
主人公妻：そういえば、わかるような気もするわ。
友人：ねえ、思い当たるでしょ、お宅でも。他人事じゃないのよ。みんな外で何をしてるか。絶対何もないって人は千人に一人、ないぐらいでしょ。

主人公妻：でもお宅のようにお金のある方ならともかく。

友人：いいえ、うちが遊ぶのは芸者どころかしまいには事務員なのよ。愛人っていうんですって。こんなこと誰にも言わないでね。[16]

夫が家の外で女性と遊んでいる、それは「事務員」であり、そのような女性のことを愛人というのだという認識が、この妻同士の会話で成立していることがわかる。家の内にいる妻とは反対に家の外にいて、かつそれは芸妓ではないただの事務員であるということがこの会話の要点である。また、一夫一婦の婚姻原理が確立しても、夫が妻以外の女性と関係をもつことは、妻に許容されない話ではなかったことをこの会話から察することができる。「女坂」の倫を例として、夫の妾遊びに加担する妻もみてきたが、金がある場合、夫の道楽として芸妓と「遊ぶ」ことは妻によって許容され、戦後でもよく考えられる話だったのだろう。しかし『夫婦』の妻たちの会話の場合はそうではなく、この友人の口ぶりからは芸妓（慣習的・伝統的に妾になることが許容されてきた職）ならまだしも、それが「事務員」だから問題であるということがうかがえる。妻たちが問題にしているのは、夫が家の外に囲う女性ではなく、夫と同じように家の外で働いて夫と交際する女性なのである。

そしてこの会話では、妻に代わって夫の性的欲望を引き受ける女性という愛人像が確立している。妻に対する夫の性的欲望は薄れ、愛人がその欲望を受け止めるものとして語られているのである。性・愛・結婚一致のロマンチックラブイデオロギーは夫婦間の性関係を唯一のものとする性の排他的関係を前提にするが、この場合はその規範が作動していないことがわかる。『夫婦』が製作された時期は、ロマンチックラブイデオロギーに支えられた近代家族が全盛期を迎える直前だった――近代家族は戦後の高度経済成長期に大衆化し普及する――、したがってイデオロギーがまだ十分に作動していないのが夫の浮気の要因といえるかもしれない。しかし、別の見方をすれば、このシーンは戦後の近代家族形成期の入り口に差しかかる時期に、いち早くその成立条件の弱点を巧みに突くものであり、いずれ暗雲が立ち込めるという事態をすでに示していたとも考えられないだろうか。

いずれにしても、ここでは、夫婦の性の代償としての愛人が、妻によって問題化されたということに注目しておきたい。

夫の生産労働を支える愛人

実はこの主人公の女性と友人との会話は、映画全体の伏線になっている。『夫婦』の筋書きは、結婚して数年子どもが生まれずマンネリ化した夫婦の間に波風が立つが、夫婦はその危機を乗り越えて元の鞘に収まり、妻が妊娠して幸せな夫婦生活に戻っていくというものである。夫婦間に波風が立ったのは、夫が会社の事務員と、妻のほうも夫の会社の同僚（三國連太郎）とそれぞれいい雰囲気になったことが原因だった。この映画で杉葉子が演じる主人公の妻は健気に夫を信じ、事務員の女性との浮気を疑うそぶりは見せなかったが、スクリーンを通して映画を見る女性たちの不安を煽るような演出になっていた。

夫の同僚たちがこの夫婦の家に集い、妻が用意した食事をみんなで食べるというシーンでは、食卓の輪に入っているのは夫とその同僚たちであり、妻は食卓につかず彼らの給仕をしている。これは事務員の女性がこの輪に入って夫と同等の場に着座していることと対照的だ。結婚して家のなかに入ってしまえば、夫を優先して家の雑事に追われるが、家の外で事務員として働く女性であれば、限定的にこのような対等性が許される。

しかし、そもそも事務員は将来の妻になる予定の女性たちである。戦後、女性労働者のなかで事務職に従事する女性が爆発的に増加したが、そこで働く女性は短期回転を迫られていた。一九五四年にその平均年齢は二十四・五歳、六五年にはそれより下回って二十四・二歳になり、[17]彼女たちは長く働き続けていないことがわかる。結婚退職制度がある会社は六五年の調査時点でまだ九・四%もあり、[18]数年後には結婚退職が控えていることが前提だった。

つまり、妻が愛人と呼んで警戒する女性たちは、数年前の自分の立場と重なるものだった。逆をいえば、彼女たちは将来は妻となるべきコースをいく女性であり、いつかは妻である自分と肩を並べていく存在である。杉葉子演じる妻も、結婚する前は銀座の時計店に勤める女性だった。一九五三年の離婚率は〇・八六で、その後六〇年代に向けて離婚率はどんどん下がり、戦後近代家族の規範が強まっていく時期にあるため、夫が愛人のために自分と離婚するという危機までは感じにくいことだったかもしれないが、かつての自分と同じ立場にある女性が、自分とは違って家の外で夫と自由に、または対等に交際しているかもしれないという状況は、彼女たちの不安や嫉妬心をかき立てるのに十分だっただろう。夫の浮気相手が芸妓であれば、第1章でみたように「芸妓→妾」という伝統的なコースによって、女世界の格付けで自分の立場を上位に保つことができたが、相手が事務員ではそうはいかなくなる。

妻たちにとって愛人が問題になったのはそのためである。彼女たちが問題にしたのは、夫によって家の外に囲われる女性ではなく、夫と同じように家の外で働き夫と交際する女性だった。愛人という言葉はすでに定着し、そこに当てはまる女性の様子もうかがい知れるものだったが、あらためてそのような女性を「愛人」として認識し、自らの立場を脅かす存在として警戒心を抱く妻の心情が作り上げられていることが、この映画作品からうかがえるのである。

そしてこの警戒される愛人は、先にみた三つの文学作品の女性像とは異なるものである。ここで念のため指摘しておきたい。『夫婦』のなかで愛人として警戒される事務員は、確かに家の外部で仕事をする女性だが、文学作品でみた愛人たちのように革新的な思想はもっていない。映画に登場する実際の事務員たちは、ゆくゆくは恋愛して結婚するというコースに憧れていて、事務員のうちの一人は夫（上原謙）の同僚（三國連太郎）に思いを寄せ、その距離を縮めていく。映画で描かれたのはそこまでだったが、その女性事務員には、杉葉子が演じた妻と同じように家庭に収まる将来が待っていることが推測される。

話を戻すが、つまり戦後、夫婦の男女平等の原則が法に盛り込まれて妻が自信をつける法的基盤ができたにもかかわらず、「愛人」に脅威を感じる妻の不安は、第3章までみてきた「妾」に脅威を感じる妻と同様になくなってはいないのである。ただし、戦後に妻が嫉妬する相手の女性には妾と異なる特徴がある。それは、「働く女性」として夫と同じように家の外で経済活動をしているということである。性別役割分業に基づき、近代社会の最小単位と見なされ、ロマンチックラブイデオロギー、母性愛、家庭の親密さを特徴とする近代家族[19]は、一九五五年からの高度経済成長期に大衆化した。この近代家族は資本主義経済の屋台骨になって、家庭内の妻の家事労働（再生産労働）と、外で夫がおこなう経済活動（生産労働）の両輪によって社会システムを回してきた。夫と妻の労働は一つの組になり、一夫一婦による婚姻関係の成立はこの歯車を回転させるための必須条件と見なされる。その、夫の領域である家の外の生産労働の場に、ほかの女性の存在が浮上したということが、戦後の愛人の問題点なのである。愛人は、この夫婦の関係性に食い込み、妻に代わって性的存在を引き受けたうえに経済活動をおこない、夫の生産労働、妻の再生産労働とともに戦後の資本主義経済を回す役割を担うことになるのである。これは本章の重要な論点になるため、引き続き次節で検討を進める。

彼女たちにとっては、もはや夫によって囲われる女性が問題なのではない。家の内部に収まることを志向しない革新的な女性である愛人が問題になるのでもない。自分には目が届かない家の外の生産労働の場で夫と性愛関係を結び、かつ夫の仕事を支える女性が出現したという点こそが問題なのである。第2章で検討した戦前の愛人には、婚姻の前に交際する恋愛関係にある相手と、婚姻外の恋愛関係にある相手という二つの意味があったことを指摘したが、ここで前者の意味が脱落する。かつて一九二〇年代に「愛人の会」が催されるほど、婦人雑誌の読者から羨望のまなざしを向けられた「愛人」という言葉は、いよいよ「配偶者以外の、社会的に容認されにくい関係にある相手」の意味で、人々から眉をひそめてささやかれる不道徳な存在として、戦後の時代文脈のなかで成長していくことになる。

2　週刊誌のなかの愛人

前節では、戦後すぐの時期に作家が描いた愛人像を考察した。愛人は、旧時代の規範を打ち破り、新しい時代のなかで革新的な思想をもつクールな女性であるとともに、婚姻外に男性と性関係を結んで妊娠や堕胎をする性的存在と見なされていたことがわかり、こうした女性像を戦後愛人の原型と捉えた。

そしてこの原型が変化し、現在の私たちが認識するような愛人像が確立するのが一九五〇年代だった。映画『夫婦』で、職場で夫と交際する女性のことを妻の立場を脅かす存在として「愛人っていうんですって」と妻たちがあれこれ噂する状況が描かれていた。愛人という言葉はすでにあったが、あらためてそのような女性を「愛人」と認識する状況が、映画という大衆文化を映し出す媒体で成立していたことを確認できた。また、働く女性としての事務員が、愛人のイメージを形成する主要な核になっていたと理解していいだろう。

さて、ここからは一九六〇年代以降の愛人について、週刊誌の言説を使って検討を進める。主たる分析の対象は「週刊文春」である。「週刊文春」は五九年に創刊され、男性に最も多く読まれ、女性からは三大女性週刊誌に次いで四番目に読まれている週刊誌である。[20]「週刊文春」の一九六〇年代から二〇一〇年代までの「愛人」に関する記事を調べ、記事の定量化をおこない、週刊誌で確立した愛人像を分析する。愛人に関する記事の内容を確認すると、愛人がいる人物、もしくは誰かの愛人が横領事件を起こしたか、殺人や傷害などの刃傷沙汰事件を起こしたか、または記事の主人公に愛人がいることが社会的スキャンダルになるという関心から書かれているものがほとんどだった。週刊誌は「非日常性」の話題を提供することで社会世論を喚起し、その話題を反面教師として「日常性」維持のための社会秩序を作り上げる役目を負うという一つの媒体であり、人々の価値観の合意形成、共有がおこなわれる場だと考える。このような週刊誌の特徴を踏まえながら分析を進める。

調査方法として、週刊誌の目次に「愛人」という言葉が記載されているものを対象にして、一九六〇年から六六年までのものは大宅壮一文庫で調査し、六七年以降のものは国立国会図書館のデジタル資料を利用して記事を抽出した。[21]また、「週刊文春」だけでなく、適宜ほかの週刊誌や、週刊誌で連載された愛人について描く文学作品も取り上げ、これらの議論を補完する。それでは、週刊誌のなかの愛人についてみていくことにしよう。

過去六十年間の愛人記事

一九六〇年から二〇一九年までの記事を調べた結果、全部で二百七十七件の記事が確認できた。それを年代ごとに分類すると、表8のような結果になった。

ちなみに、一九五六年に創刊された「週刊新潮」の記事も調べてみると、そちらは三百十六件と件数に大差がないことがわかる。[22]記事全体の傾向をみると、「文春」も「新潮」も八〇年代に記事

表8　週刊誌における1960年代から2010年代までの「愛人」記事の件数
（筆者作成）（単位：件）

「週刊文春」		「週刊新潮」	
1960年代	14	1960年代	30
1970年代	39	1970年代	34
1980年代	63	1980年代	46
1990年代	56	1990年代	55
2000年代	63	2000年代	111
2010年代	42	2010年代	40
合計	277	合計	316

件数が伸び、さらに二〇〇〇年代にも増加の山がきている。一年間に五十冊ほど刊行される週刊誌の事情を考えれば、この時期には一週間に一回以上、愛人に関する記事が掲載される状況が生じていることがわかる。

次に、「週刊文春」の記事で愛人が男性である場合と、愛人が「妾」「二号」と混同されている場合について調べたところ、表9のような結果になった。

戦前の愛人は「恋愛する人」の意味で使われていたため、男性でも愛人と呼ばれることがあった。戦後になって「配偶者以外の、社会的に容認されにくい関係にある相手」という意味合いが強まるなかで、既婚男性の浮気相手としての女性＝愛人というイメージが広がったといえるだろう。

ただし、一九九〇年代は愛人が男性である割合が増加した。九〇年代の七件の記事のうち四件は、女優、作家、祈禱師というカリスマ性のある女性――記事のなかにはその女性を「魔性の女」呼ばわりするものもあった――を取り上げて、「とんでいる女性が事を起こした、そこには男性とのスキャンダルがあった」という視線で記事が書かれている。九〇年代は、八〇年代の消費社会が成熟して「女性の欲望」を言語化するための土壌が整えられ、男女雇用機会均等法以後「男性並み」もしくは「男性と肩を並べて」働く女性の存在が目立つようになった社会状況だったが、その反動として行きすぎた消費行動をおこなう女性を牽制するような風潮もあったということだろう。

また、愛人をもつ女性の場合、既婚者の女性が浮気をしたことが問題視されるというよりも、その女性には「情夫」がいたという視線で記事化されていることに特徴があるように思える。女性の性関係の奔放さを強調していて、未婚であってもその相手を愛人として記事化するものはいくつかみられた。[23] そして、男性の場合では、男性有名人が複数の女性と同時に交際することを報じる記事で、相手の女性が愛人と報じられることもあった。[24] 男性は未婚、またはその事実があったときには未婚だったとしても、記事の狙いが性的に奔放な男性有名人の私生活がどれだけ常軌を逸したものかを強調することだったために、男性の性関係の相手を愛人という言葉に当てはめて報じたものと考えられる。こうしてみていくと週刊誌などでは、愛人は、配偶者がいる／いないにかかわらず、性におぼれた、性愛に欲望的な男女間の関係にある人物を示す言葉としても使われることがあることを指摘しておく。

表9　男性が「愛人」と報道された記事、「愛人」が「妾」「二号」と混同された記事の件数（筆者作成）（単位：件）

年代	記事総数	男性が愛人	妾・二号との混同
1960年代	14	5（36%）	2（14%）
1970年代	39	2（ 5%）	7（18%）
1980年代	63	4（ 6%）	4（ 6%）
1990年代	56	7（13%）	0（ 0%）
2000年代	63	2（ 3%）	1（ 2%）
2010年代	42	0（ 0%）	0（ 0%）

愛人を「妾」「二号」と混同する記事は一九八〇年代ごろまでみられたが、それ以降はほぼなくなる。ちなみに「二号」とは、大正期ごろから妾の俗称として使われるようになった言葉である。[25] 第1章で検討したように、明治期の妾は男性と主従関係に置かれていた。そのなかで、衣食住を男性にゆだね、男性に囲われることで生き延びる存在

であり、男性に囲われることが妾にとっての経済活動だった。

一九六〇年代と七〇年代の記事を確認すると、男性によって衣食住丸抱えの生活を送る女性の姿はまだみられ、記事のタイトルには愛人という言葉を使っていても、記事のなかではそのような女性を「妾」や「二号」という言葉で表現していた。また、丸抱えの妾ではなくても、既婚者と交際しているということからその女性を「妾」や「二号」として捉えている記事もあった。二〇年代の婦人雑誌での妾と愛人の混同、妾は愛人の俗称という意識が太宰治の「斜陽」に描かれたことを確認してきたが、戦後週刊誌の言説のレベルでは、「愛人」の使用が優位になるなかで「妾」という言葉は八〇年代ごろにほぼ消滅し、歴史化したといえるだろう。[26]

消費される愛人――言いなりになる都合のいい女

さて、ここからは「週刊文春」の記事を俯瞰した筆者が注目すべきと考える「女性の愛人の描かれ方」について、その特徴を取り上げて論じていくことにする。

愛人は人々から眉をひそめてささやかれる不道徳な存在として「配偶者以外の、社会的に容認されにくい関係にある相手」の意味で使われるようになったが、週刊誌の愛人像の分析を進めると、そのイメージを基底に「言いなりになる都合のいい女」として男性に利用されるイメージが浮上することが注目される。

ここではそのなかでも、銀行員という堅い職業に就いた女性を愛人とする記事に注目したい。記事は、未婚の女性が既婚者の男性の言いなりになって銀行の金を横領して逮捕されたというものである。一九七五年の足利銀行事件、八一年の三和銀行事件で逮捕された女性の記事がそれである。[27]この二つは「週刊文春」の記事検索からわかったものだが、これとは別に調べると、足利銀行、三和銀行に先行して七三年に滋賀銀行事件というものが起きていて、このとき逮捕された女性も同じような立場にあったことがわかった。年代順に三つの事件の概要を示す。

滋賀銀行事件は、一九六六年から七三年までの六年あまりの間に、女性行員が約九億円の金を銀行から着服したというものである。女性は十歳ほど年下のタクシー運転手の甘言に惑わされ、銀行から引き出した金を男性に貢いだ。男性はこの女性と知り合う以前から交際していた女性と七〇年に結婚しながら、この女性が貢いだ金で地元に豪邸を建てて賭け事にのめりこんでいた。男性と知り合った当時の女性は三十五歳だった。

足利銀行事件は、二十三歳の女性行員が、既婚男性の口車に乗って約二億円の金を銀行から着服したというものである。事件は一九七五年五月に発覚した。この男性にはほかにも「愛人」がいたといわれ、そのうちの一人は地元の商業高校を卒業して市内のホテルに勤務していた女性、もう一人は浅草のバーのホステスだった。行員の女性が逮捕されてから男性は逃走するが、この逃避行は愛人のうちの一人である浅草のホステスと一緒におこなわれ、二カ月にわたった逃避行生活はこの女性との「蜜月」のようだったという。

一九八一年に起きた三和銀行事件は、三十二歳の女性行員が三和銀行の四つの支店に一億八千万円の架空入金をおこない、その日のうちにフィリピンのマニラに逃亡したというものである。女性行員が交際していた既婚男性には多額の借金があり、その返済のため女性が銀行から資金を不正入手できるように筋書きを作り、実行させた。マニラへの逃亡も男性の計画によるものだったが、女性は約半年後にフィリピンで逮捕された。

三つの事件で逮捕された女性はいずれも相手の男性と結婚したいという望みを抱え、男性に惚れ込んでいたが、男性には女性と結婚する気はなく――既婚者のため離婚しないかぎり法律上実現不可能――、ギャンブルや借金返済のため、女性が銀行の金にアクセスできることに狙いをつけ、その立場を利用するために交際した。

この三つの事件の共通点は、女性の結婚に対する焦燥感というものが巧みに利用されたことである。足利銀行の女性は友人に「彼と結婚できたら、その日記を私のものとしてしまっておくの。だけど、結婚できなかったら、彼に（日記を）つきつけてやるんだから」[28]と話していたようである。友人によれば「結婚できない」ということでこの女性は「しんみり」していたという。これには、好きな男性と結婚できないという純粋な愛情の問題だけでなく、ジェンダー規範の問題が影響していたことは間違いないだろう。前項で一九五〇―六〇年代の状況として女性は結婚退職するのが前提とされていたことについて言及したが、未婚女性に対する「結婚」の抑圧は現在でも効力があるジェンダー規範であり、半世紀前には、それは女性にとって有無を言わさぬ大きな脅威だったと考えられる。女性が恐れるものを、男性は巧みに利用したといえる。

そして、これらの事件を報じる記事には、男性に「やすやすと騙される」ことに対して批判的な視線を向けるものもあったが、逮捕されたあとの女性の手記を公開して、その真摯な反省ぶりなどから女性に同情を寄せるものが多かった。むしろ、男性が書く記事には従順に男性の指図に従って身の破滅を招いた女性を好ましく思う傾向があったといえる。

例えば、滋賀銀行事件から約四年後に月刊誌「現代」（講談社。「週刊現代」の兄弟誌）に特別記事が掲載されたが、そこでこの事件についてレポートする男性作家は、逮捕された女性について「男のエゴイズムの生贄にされ、骨の髄まで、しゃぶられた女の哀しい業火が、めらめらと赤く燃えあがるのを見る思いがする」[29]とし、「彼女ほど、世の男性にとって、いじらしく愛すべき女はなかろう、と私は思う。男として、とことん、おぼれてみたい女である」[30]と書いている。どのような問題を抱えていようとも男性に牙を剝かないという、女性のマゾヒズムが彼らの情欲を誘っているのだろう。事件を起こした女性たちは、交際していた既婚者の言いなりになったことで人生を踏みにじられたが、次にこうした雑誌で、「おぼれてみたい女」として男性の性的興奮を喚起する対象にされ、彼らに愛すべき都合のいい女として消費されたと考えられるだろう。

このように一九七〇年代から八〇年代の初頭には、男性に依存的で自己決定の意志が弱く、男性の考えを自分よりも優先させる愛人像が週刊誌に確立していたことを指摘できるのである。これは同時期の七二年に「週刊新潮」が特集を組んだ「愛人という女の役割」という記事で指摘されたものとも符合する。

「女房」の役割がその日常性にあるように、「愛人」の役割が非日常性にあることは、いまさら断わるまでもありません。たとえば最近起きたいくつかの警察ザタ。そこに登場した〝献身的な女性たち〟。いずれもその肩書は「愛人」ということでした。むろん、あまり美談とはいえません。いわば、事件の陰の女……です。しかし、相手の男たちにとって、その〝内助の功〟は、まさに「女房」以上に思えるようなのです……[31]。

この特集記事は、事件の陰には愛人という存在がいたという関心のもと、そのころに起きた数件の事件を集めて、男性と愛人女性との関係を報じるものだが、その記事冒頭に前述のような論旨で愛人像がまとめられている。愛人が妻以上の存在になりえる理由は、彼女が「献身的な犠牲」を払っているということにあるのだろう。週刊誌ではないが、テレサ・テンが歌う「愛人」（作詞：荒木とよひさ、一九八五年）という曲にも、「たとえ一緒に街を 歩けなくても」「わたしは待つ身の女でいいの」という愛人像の一節がある。愛人が、彼らにはまさに都合のいい「陰の女」として消費されたことを示している。

「おいしい生活」を欲望する女性——一九八〇年代という時代

一九八〇年代に入ると、前述のような愛人像と並んでもう一つのイメージが形成される。八〇年代は、学生運動後に政治に無関心な若年世代が台頭し、彼らの消費行動と欲望が煽動された時代だった。また、林真理子の『ルンルンを買っておうちに帰ろう』（主婦の友社、一九八二年）や、上野千鶴子の『セクシィ・ギャルの大研究——女の読み方・読まれ方・読ませ方』（〔カッパ・サイエンス〕、光文社、一九八二年）が出版され、女性の言論文化に画期的な要素が加わり、女性作家・研究者による女性の欲望の言語化も進んだ。こうした時代状況を背景として、愛人バンクという性産業が登場し、「愛人志願」の若い女性があからさまに出現するほど愛人はポピュラーな存在になっていった。八〇年代の六十三件の記事のうち、実に約三〇％の十九件がこの愛人バンク（愛人契約）に関する記事だったのである。

愛人バンクとは、夕ぐれ族という組織が作った中年男性と若い女性の関係を取り持つ契約システムの名称である。この組織の社長が若くてかわいらしい女性であり、一九八二年ごろから「有名女子大卒のお嬢様社長」と自称してマスコミに露出するようになってから一気に広まった。女性社長は愛人バンクの目的を次のように語っている。

若いピチピチギャルと知り合いになりたがっているオジさまたちと、中年のオジさまと交際したがってる女の子を結びつけるのが目的。(32)

「オジさま」と若い女性を交際させる愛人バンクのシステムは、男性は二十万円、女性は五万円の入会金を支払い、男女の出会いの場を紹介してもらうというものである。女性社長の広告効果が当たり、会員数は三千人とも五千人ともいわれたという。(33) しかし、実際には紹介だけに終わらず、女性会員は複数の男性を紹介されてデートのたびに数万円の金銭を受け取っていたことが明らかになり、一九八三年には女性社長と実質的経営者の男性が売春周旋罪で逮捕された。八〇年代前半は、ノーパン喫茶、のぞき部屋、デート喫茶、個室ヌードといった性風俗が誕生した性風俗産業の変革期といわれていて、愛人バンクは、水商売の経験がない女性たちが高給に釣られて惜しげもなく裸をさらすようになった時代の風潮のなかから生まれた現象だったと指摘されている。[34]性に対する女性たちの意識がゆるんだということなのだろう。「愛人」は性風俗の一つのジャンルを形成するようになっていった。

では、この「若い」女性たちの社会的属性をみていこう。愛人バンクに登録した女性会員の内訳で最も多かったのがＯＬ（会社員）で三九％、次いで大学生が二七％、短大生が一九％と続く。年齢は十八歳から二十六歳までの間で、二十歳が最も多かった。[35]

愛人バンクの言説をたどるとき、特徴的なのは愛人と交際する「オジさま」の事情よりも、このような女性たちの欲望が奔放に語られていることにある。女性社長によると、女性たちが入会する理由として最も多かったのが、「バス・トイレつきのアパートかマンションに住むため」[36]というものだったという。当時、就職や進学で親元を離れた女性たちの暮らしぶりは、四畳から六畳一間でトイレは共同というものが一般的だったなかで、そのような生活から脱却したいという女性たちの気持ちが注目されているのである。二十歳そこそこの女性の経済力では望むような生活はできなかったのだろう。そんな彼女たちの視線の先に燦然と輝いていたのは、愛人バンクの女性社長の存在だった。

「某ミッション系女子大卒」「一部上場会社の部長令嬢」という肩書に加え、二十二歳にして月収が五千万円もある「女実業家」としてメディアでもてはやされた女性社長は、経済力が限られている女性たちの羨望の的になった。愛人バンクの頂点には、経済力を身に付け、華々しくメディアに登場する働く女性が君臨していた。ＯＬや将来のＯＬ予備軍の女子学生たちの視線の先には、働く女性の輝かしい成功があったのである。愛人バンクの流行は、一九八二年に糸井重里が作ったキャッチコピー「おいしい生活」が流行していた時期と重なっていた[37]というが、まさに、この女性社長のように成功した「おいしい生活」を得ようとする若い女性たちが、金銭的な援助を求めて中高年の男性と交際するという状況が八〇年代に形成されたのである。

しかしそれは、女性たちの欲望を利用して利益を得る性風俗の新たな方法だった。売買春文化では近代以前から女性の性は商品として男性に消費／搾取されてきたが、愛人バンクに関する言説をみると、性だけでなく、女性の欲望も商品として「オジさま」たちに消費されていたことがわかる。「オジさま」たちが愛人の女性たちと交際する根拠は、愛人の「〇〇がしたい」という欲望を満たすことにある。それは以前の娼妓のように、貧しい家のために仕方がなく、あるいは孝行心のためにその道に進んだ女性の事情とは異なり、いまよりももっといい生活がしたいという個人の欲望――それは消費社会の原動力になる――がその理由にされ、万一トラブルが起こってもそのような欲望をもった女性の自己責任の問題として処理しやすい。自らの性を提供することによって自らの欲望が満たされるという自縄自縛構造のなかに女性たちはおとしめられていたといっていいだろう。

ちなみに、愛人バンクの顔になった女性社長の経歴は偽言だったこと、そしてこの女性は一緒に逮捕された男性の「操り人形[38]」だったことがのちに判明している。一九八〇年代の愛人記事増加の背景には、このように「おいしい生活」を送りたい女性の欲望が前面に出てくるようになって、利用されるという消費社会の事情があった。先の陰の女のイメージに比べて、欲望を剥き出しにする若い女性という愛人像は異なるようにみえるが、結局のところ女性の欲望が利用され、消費されるという点では同じ構造のなかにあるものと考えられる。

ホステスという存在

表10は、「週刊文春」で確認した記事のなかで、男性の愛人になった女性の社会的属性について調べたものである。

二百七十七件の記事のなかから、愛人女性の属性や名前（仮名）、居住地などの情報が示されていて、人物像をある程度特定できるものを集計した。一件の記事に複数の愛人が出てくる場合はそれぞれ計上している。この集計は、愛人とされた女性の社会的属性をどのようにとらえていたのか、誌上で書かれた内容から愛人のイメージをつかむことを目的としていて、記事が発表されたときにはその属性でなくなっていても、以前の属性が示されている場合はその情報を集計した。加えて「会社員で週二日ホステス」などのように同時に二つの属性をもつものはそれぞれ計上した。

前節の考察では、事務員の女性が愛人イメージを形成する主要な核になっていたことを指摘したが、この集計と照らし合わせると、愛人＝事務員（会社員）という認識は見事に裏切られる結果になった。一九六〇年代から二〇一〇年代、愛人の社会的属性のイメージを構成するものとして最も多かったのはホステス系（芸妓・旅館女将も含む）の女性だったのである。記事のなかで確認できた件数のうち、実に四〇％近くをホステス系の女性が占めることになった。(39)

これは一つには、週刊誌という媒体が原因だろう。週刊誌が話題にするのは、社会の非日常で起こる事件や事故、有名人のスキャンダルというものであり、そこに関わる男性の社会的属性として

表10　「週刊文春」が「愛人」と報道した女性の社会的属性
（筆者作成）（単位：件）

	1960年代	1970年代	1980年代	1990年代	2000年代	2010年代	合計
①ホステス系	4	20	20	15	40	14	113
②性風俗関係	0	2	2	2	1	0	7
③女優	1	3	1	7	5	10	27
④会社員	0	7	11	4	3	9	34
⑤秘書	0	3	2	3	4	2	14
⑥インディペンデント	0	2	5	5	1	4	17
⑦キャリア	0	2	0	7	5	0	14
⑧その他の職業	2	11	4	3	1	1	22
⑨学生・未成年	1	2	6	1	1	0	11
⑩既婚者	1	1	0	1	1	2	6
⑪属性不明	3	6	11	3	8	6	37

・ホステス系には、芸妓・旅館女将も含めた。
・性風俗関係には、ポルノ女優やソープ嬢なども含めた。
・インディペンデントには、独立開業やフリーランスで仕事をする女性を分類した。（例）宝石商、新進舞踊家、ブティック経営者、プロ棋士、芸術家、服飾デザイナー、ラジオ構成作家、ホテルアドバイザー。

は、政治家、企業経営者、大学教授や医者などのエリート、芸能人、スポーツ選手などの有名人という層が目立つ。愛人を作った男性の社会的属性を集計してみると表11のようになった。

一九六〇年代を除いて、七〇年代から二〇一〇年代は、社会で名の知られた人物のスキャンダルを追いかける傾向があり、政治家、経営者、エリート、芸能人、文化人という社会的名誉やその地位、それに伴う高収入が期待される層の男性たちの記事が全体の八〇％以上を占めていた。それに比べて、会社員などの一般男性は週刊誌の記事上ではマイノリティーであることがわかる。記事で取り上げられるのはホステスがいるよ

表11　「週刊文春」が報道した「愛人」と交際した男性の社会的属性
（筆者作成）（単位：件）

	1960年代	1970年代	1980年代	1990年代	2000年代	2010年代	合計
①政治家	1	25	13	11	25	14	89
②経営者・会社役員	2	8	12	12	13	6	53
③エリート	1	1	7	3	3	1	16
④芸能人・スポーツ選手・有名人・歌舞伎役者	1	5	11	10	12	21	60
⑤一般会社員・労働者	2	5	5	1	8	2	23
⑥文化人	0	2	2	3	1	0	8
⑦その他	2	4	5	6	1	0	18

・大学教授、医者、弁護士、官僚などの高学歴でその仕事に就ける層を「エリート」として集計した。
・有名人としての経歴がありながら政治家になって、政治家の立場で記事化されたものについては、①と④の属性でそれぞれ集計した。

うなクラブで遊ぶに十分な経済力や集団を率いる統率力や政治力をもつ男性たちが多い。これが、愛人の記事に占めるホステスの割合が高くなった原因の一つと考えられる。

そしてここに、先に検討した映画『夫婦』の場合とは事情が異なっていることを示しておく必要がある。『夫婦』で問題になっていたのは、一般会社員の既婚男性が浮気する相手としての愛人であり、それは事務員の女性だった。日常では経験しないような話題や、有名人のスキャンダルを取り上げる週刊誌では、一般会社員の男性と女性の関係は、わざわざ取材して騒ぎたてるものではなかったというのが理由だろう。逆にいえば、一般会社員の男性と女性の交際は週刊誌が騒ぐような非日常ではなく、日常に存在するありふれた話題――それが人々に許容されるものか否かは別として――ということなのかもしれない。

また、事務員の割合がホステスほど高くならなかった理由としてもう一つ考えられるのは、事務員には既定路線として結婚退職が期待されていて、事務員の女性たちは既婚者との交際もほどほどに、家庭の主婦になるライフコースを選択していたという事情もあったのではないかということである。すでに指摘したように、戦後の事務員女性には期待されていたのは、将来は結婚して家庭に収まることであり、それを拒否する女性の将来には黄色信号が灯されたことは先の文学作品の分析から確認したが、こうした社会秩序に反抗して働き続けていくだけの経済的基盤はあまりにも弱かった。

一方ホステスは、一般的な女性労働者よりも高収入が期待でき、経済的自立を果たしやすい職業だったと考える。これは前述した銀行員女性の一連の週刊誌記事で確認したものだが、一九七五年ごろの銀座ホステスの月収が三十五万円[40]だったのに対し、八一年ごろの銀行員女性の手取り月収は十三万円[41]だった。「年次統計」によると、七五年の「サラリーマン」の月給（各種手当込み）は約十三万千円、八一年は二十万三千二百円[42]であり、銀行員女性の月収は、入行後十三年というキャリアがあるにもかかわらず、手当込みと手取りの差額を考えても「サラリーマン」のそれと比べると低い。しかしホステスは「サラリーマン」の倍以上の給料を得ている。ホステスはまさに愛人バンクの女性たちが欲望したような「おいしい生活」を送ることが経済的に可能で余裕を得られる職業だったと考えられる。女性の場合、銀行員などの安定した職にある女性よりも、水商売で先の見通しを立てにくいと考えられるホステスのほうが、本人が望めば経済的自立を果たしやすい構造にあったということも、愛人の社会的属性としてホステスの割合が高まった要因の一つではないだろうか。

これは、戦後の愛人が家の外部で夫の経済活動を支える場に存在したということに関わる観点である。ホステスがいる場は夫の生産労働の場と直接的な関わりはないが、家の外で経済活動をしている女性という点が重要である。衣食住丸抱えの妾ではないかぎり、家の外で既婚者と交際する女性は、自らの経済的基盤がなくては愛人の立場を維持しにくいという状況を裏打ちしていると思われる。経済基盤が微弱でも女性が働く場にいられるのは、親元にとどまって生活を維持できているか、ゆくゆくは誰かの妻になって夫の経済活動に支えられるライフコースを前提とした立場でいるからである。その見通しがなくては早晩行き詰まり、女性にとってはあまりに不安定で、利点がない。

かつてヴァージニア・ウルフは、「女性が小説を書こうとするなら、お金と自分自身の部屋を持たねばならない(43)」と述べた。これは、創造的な仕事をする女性が解放されるためには経済的自立と精神的自立の両輪が必要であるということを示していて、現在でもフェミニズムで語り継がれる著名な思想である。つまり、ホステスの愛人はウルフが提示した「お金」の問題は乗り越えているかにみえる。彼女たちの経済力があれば、結婚しなくとも、自立は実現可能だった。そのうえでさらに経済力がある男性と交際するホステスは、マンションを買い与えられたり、月決めの生活費を受け取ったり、性関係に及んだあとに金銭を受け取ったりしている場合もあった。また、独立のために金銭的援助を受けることもあり、彼女たちは男性をパトロンにしてキャリアアップを図ることも可能だったのである。

ビジネスパートナーとしてのホステス

愛人のホステスの特徴として最も注目したいのは、クラブが男性の夜の仕事場として機能し、ホステスが男性のビジネスパートナーとしての役割を担うこともあったということである。例えば、二〇〇三年の記事では、新聞社の社長が連日通っているクラブがあり、そこの女主人と社長は「不適切な関係」にあることが報じられているが、社員の間ではこのクラブが「夜の社長室」といわれていたとされている。[44] さらに、新聞社からこのクラブに対して過去三年間に九千万円近い金銭が支払われていたことが発覚した。[45] クラブの年間三千万円ほどの売り上げの大半はその新聞社と関連企業から出ていたということで、社長の仕事人脈がこのクラブに吸い上げられると同時に、この場を「社長室」として社長の権力構造が維持されていたということが推測される。ホステスはいわば社長の権力維持のための「夜の秘書」だったわけだ。

クラブが男性の権力維持のための場に使われる様子は、週刊誌に連載された文学作品にも描かれている。「サンデー毎日」（毎日新聞社）に連載された山崎豊子の「白い巨塔」（一九六三―六五年）は国立大学の医学部内の権力争いを描く長篇小説だが、大学病院の新館増設の許可を文部省にはたらきかけるために毎晩のようにバーに通う大学教授の様子が次のように描かれていた。

毎晩のようにここで、鵜飼と落ち合い、文部省、大蔵省の次官、局長クラスで実力のありそうな連中の顔や、そのつてを思いうかべて、認可運動の裏面工作を相談したり、国会の予算審議会の日には、夜の十一時半まで続いている審議締切のぎりぎりの時間まで、二人ではらはらしながら予算通過を待ったことがあったのだった。[46]

この回想をしているのは医師の東教授であり、同僚の鵜飼教授とともにホステスがいるバーで仕事をこなしたことが語られている。裏面工作という昼間の職場ではできないことを遂行する場としてバーが機能していることがわかる。

さらに物語の主人公である財前五郎には愛人がいるのだが、この愛人もまたホステスであり、財前もホステスがいるバーを出世のための裏工作に利用している。加えて、財前の愛人は女子医科大学中退の経歴をもつ女性で、大学病院での権力構造や人間関係を十分に承知しているため、財前は昼間の職場での問題を愛人に相談するなど、二人は信頼関係を築いていた。「共稼ぎの愛人関係[47]」で財前の出世を応援してくれる愛人を財前は頼りにしていて、この女性は性愛関係だけでなく、彼の精神的サポートもしていたのである。

さらに、パートナーという役割とは異なり、男性同士のホモソーシャルな絆をつなぐ媒体という役割で彼らの仕事を支えるホステスもいた。時代は少しずれて一九六〇年代以前の事例ではあるが、大岡昇平の「花影」(「中央公論」一九五八年八月号—十月号、十二月号、一九五九年新年特大号—三月号、五月号—六月号、八月号、中央公論社)のモデルになった銀座のホステスがそれである。そのホステスは、むうちゃんと呼ばれた坂本睦子という女性であり、十六歳で女給として働き始めて文壇の数々の男性と交際し、一九五八年、四十四歳のときに自宅アパートで自殺した。この女性が交際した男性には、菊池寛、小林秀雄、坂口安吾、大岡昇平らがいた。彼女は自殺する一年前までは大岡昇平の愛人であり、その交際から自殺までの経過が「花影」に描かれている。白洲正子は、この女性をまさに食い物にした文壇の男性たちの行為を次のように評している。

広い文壇の中で、尊敬されている先生から、尊敬している弟子へと、いわば盥廻しにされたのである。いずれも文壇では第一級の達人たちで、若い文士は先輩に惚れて、先輩の惚れた女を腕によりをかけて盗んだのである。その亜流たちは、先生たちを真似てむうちゃんに言いよった。そういう意味では、昭和文学史の裏面に生きた女といってもいい程で、坂本睦子をヌキにして、彼らの思想は語れないと私はひそかに思っている。(48)

彼らの思想的高みは、坂本睦子という女性が存在したからこそ得られたのであり、また彼女の存在が文壇の結束力を強め、彼女を攻略することが文壇に仲間入りするための通過儀礼になり、ホステスの存在が彼らの仕事を成立させる重要な要素になっていたことがわかる。

つまり、彼女たちは彼らの仕事を支える存在にもなっていたということである。これは、資本主義社会で夫の生産労働を支えるのは妻の再生産労働であり、この二つによって経済活動が稼働するという認識の枠組みに亀裂を生じさせる話ではないだろうか。夫の生産労働を支えていたのは、家にいる妻の再生産労働だけではなかったということに私たちは気づくべきなのである。愛人たちの労働もまた夫を力強く支えるものだった。愛人のホステスたちは、彼らの性愛の相手になっただけでなく、夜の仕事場のビジネスパートナーになり、彼らの連帯を強める媒体としても機能していた。フェミニズムは、妻の再生産労働の経済的価値が無視され、無償労働として不当に評価されていることを問題視してきたが、愛人の立場からみれば、そもそも夫と妻の二大労働が一つの組になり資本主義社会を支えているという認識自体に疑問符をつけなければならない。婚姻関係の外部に存在する愛人が、実は既婚男性の仕事を支えるパートナーとして、妻とは別のところから彼らを支えていたという見方が浮上する。すなわち、私たちの認識から外されていたこと、見えていなかったこととして、経済的に自立が可能な家の外の愛人によって、もう一つの労働がおこなわれていた事実をここでしっかりと踏まえておきたい。

政治家の愛人

一九八〇年代と二〇〇〇年代の愛人記事の増加、一九八〇年代の具体的な状況についてはすでに指摘したが、二〇〇〇年代の状況として指摘できるのは、政治家の愛人が社会的スキャンダルとして盛んに報道されていたということである。

一九七〇年代も政治家の愛人を報じる記事はみられたが、それは例えば「総理大臣に愛人 どこが悪い」というタイトルで報じ、総理大臣に愛人がいることを容認する内容だった。これは二人の有名人の対談で、そのなかで田中角栄の愛人のことが話題にのぼり、愛人に子どもが生まれても正妻との離婚は考えず、愛人を「第一夫人」にしないのは「リッパ」なこと、それよりも首相になる前になぜその存在を「おかくしにならなかったのか」として男性ジェンダーの後方支援をしている。(49)このあとみていくように、政治家に愛人がいること自体が不道徳なことであり——このときも不道徳という意識はあったのだが、許してもいいのではないかという温情が図られている——政治家生命が断たれるほどのスキャンダルにはならなかったことがうかがえる。むしろ、愛人がいるくらいの男性のほうが甲斐性がある、政治もうまくできるだろうという隠れたメッセージが発信されたような記事である。

このほかにも、実は一九七〇年代の三十九件の記事のうち十一件はアメリカのジョン・F・ケネディ大統領の愛人に関するもので、この話題に強い関心が向けられていたことがわかった。大統領の愛人との大胆な交際を羨望視しているようであり、戦後、民主主義国家・経済大国として世界に大きな影響を与えてきたアメリカの一つの象徴として、「大統領の愛人」が取り上げられている。この場合も、愛人は男性性を高めるもの、強い男性には付き物という意識もあって、愛人の存在が容認されているといえる。むしろ強い国アメリカにならって、日本もそうなりたいという欲望が底流にあったからこそこうした記事が書かれたのだろうと考える。

しかし、一九九〇年代後半になると、政治家の愛人記事の論調は変化する。九八年にリベラル左派の民主党が成立したその年から、政治家の愛人バッシングが熱を帯びるようになってくる。九八年の菅直人の愛人スキャンダルに始まり、二〇〇〇年代に入ると自民党の大物議員の鈴木宗男、山崎拓から大仁田厚、横峯良郎など有名人政治家の愛人スキャンダルが続々と掲載された。これらはいずれもその政治家に愛人がいることが「発覚」したというスクープ報道であるだけではなく、政治家がもつ政治権力に対する糾弾の意味が込められていた。なかには政治家から非情な仕打ちを受けたことを愛人が告白する記事もあり、そこではその政治家の性嗜好の異常性が問われ、その話題が執拗に追及された。その結果、週刊誌報道後の選挙で、糾弾された政治家は落選して議員資格を失っている。愛人が彼らの政治生命を奪う脅威になり、週刊誌は政治権力に対する武器として「愛人スキャンダル」を利用するというパターンで、愛人報道が白熱したのが二〇〇〇年代だったといえる。

このように政治家の愛人報道を通して、一九七〇年代と二〇〇〇年代の愛人に対する世論の変化を捉えることができるが、ここで時代の文脈として注意しておきたいのは、二〇〇〇年代は、戦後日本の資本主義経済の発展を支えた団塊の世代が働き盛りの五十代を迎えていたということである。敗戦直後の日本に生まれた彼らは、一九五〇年代後半からの経済成長の時流に乗って、就職後は恋愛結婚し、専業主婦の妻と世帯を形成するという戦後日本の家族モデルの定型を成した世代だった。その過程のなかで二〇〇〇年代は、上り調子の経済を支えた団塊世代の男性が「オジさま」になり、愛人を外に作るほどの経済力が備わった時期だったといえる。これはいささか飛躍した発想かもしれないが、経済力を有する団塊世代の男性の愛人に対する関心が強まったことが、二〇〇〇年代の週刊誌に愛人に関する記事が数多く発表された要因の一つだったとも考えられないだろうか。

さらに団塊世代の女性たちは、戦後最大規模の専業主婦層を形成していて、彼女たちの家のなかを治めてきたという権利意識が一層強まり、それが愛人を作る既婚男性をバッシングする社会風潮を助長し、社会道徳に大きな影響を与えたということも考えられる。二〇〇七年には、離婚後の年金分割制度が導入されている。それまでの場合、専業主婦をしていた女性、あるいは夫の扶養の範囲内で就業してきた女性は、離婚後に受給できるのは基礎年金だけだったが、この制度によって夫がもらう厚生年金額を分割して受給することが可能になった。離婚によって夫の年金受給額が分割され妻と折半になるということは、夫にとっては自分の取り分が減るということであり、妻にとっては、離婚後その受給額で十分な生活が送れるかは別の問題にしても、従来は夫の取り分だったものを自分のものにすることができる権利が生じたということである。同時期に『熟年離婚』（テレビ朝日系、二〇〇五年）というテレビドラマが放映され、中高年期の離婚に対する関心が高まったとされている。また、厚生労働省が二二年八月に発表した「離婚に関する統計」の結果を受けて、マスコミは熟年離婚の割合が高まっているという趣旨の報道をした。(50) しかし、離婚件数の実数としては、〇二年をピークに現在まで減少しているのが現状である。年金分割制度が導入されても熟年離婚（二十年以上同居夫婦の離婚）の件数は増えるどころか、制度の導入後もゆるやかな減少傾向にあるというのが実態であり、全体の離婚率も下がり続けている。(51) つまり、結局はこの制度が導入されても離婚率は上昇するどころか、下降の傾向をみせた。むしろ、制度の導入によって離婚という切り札が妻の手に握られることになり――切り札をもつだけで実際には離婚はしない――、浮気をするような夫の非をとがめる道徳的基盤が強化され、一夫一婦の道徳観が重みを増す状況が形成されたということなのではないだろうか。〇〇年代の週刊誌で愛人を作る政治家が容認されず、政治生命を失うほどのスキャンダルとして叩かれるようになった要因の一つとして、戦後日本の家族モデルの定型を成した団塊世代の、こうしたジェンダー意識と行動様式が想定されるのである。

性的存在としての愛人

愛人が性的存在になったことはすでに前節で指摘した。本節でも、「消費される愛人――言いなりになる都合のいい女」の項でふれたように、滋賀銀行事件の女性などが「おぼれてみたい女」などと雑誌に書かれて男性の情欲の対象になったり、一九八〇年代にノーパン喫茶、のぞき部屋、デート喫茶、個室ヌードなどの性風俗産業の一つとして愛人バンクが流行したりするなど、愛人は、単に男女一対の関係での性的存在というだけでなく、週刊誌の読者に向けて性的関心を呼び起こす存在としても機能していることがわかった。

そして、先にも少しふれたが、二〇〇〇年代以降の政治家の愛人スキャンダル報道でも同様の状況があった。愛人が二人のセックス事情について週刊誌に告白し、記事の主人公である政治家の性嗜好や性遊戯の様子が、以下のように文字でつづられている。

〔大物政治家のスクープ記事〕

ホテルでセックスする時は必ず「有料チャンネル」のアダルトビデオを大音量でつけたりする。

（略）

それから先生は、よく自分の尿を私に飲ませました。「これでお前は一生俺の女だな。逃げられないぞ」と言いながら、満足げな表情をしたのが忘れられません。（略）

「俺のはその辺のオモチャより大きい。これを見せたら、お母さんも野性味のある俺に魅力を感じるだろう」と言いながら、露出した自分の局部のそばでオモチャを握りしめ、並べてその様子を撮影するように命じました。(52)

〔有名人政治家のスクープ記事〕
性欲は非常に強く、なんとなくSっぽいところもあったと思います。Hしている最中、いきなり「変態の人はね、犯罪者の心境はね、パンツかぶったりしてね。犯すんだよ」と言ったこともありました。（略）
一緒によく行ってたバリ風のラブホテルにはコスプレの貸出サービスがあったんですが、私はスチュワーデスやOLの格好をさせられたことがあります（笑）[53]。

記事の趣旨は、社会的権威、権力をもつ政治家に愛人がいたことをスキャンダルとして非難するものではあるが、記事ではその政治家と愛人がどのようなセックスをしていたのかということにも関心が注がれていて、愛人の語りを通してその内容が読者に披露される。

ここで分析の対象にしている「週刊文春」は、「アサヒ芸能」（徳間書店）、「週刊大衆」（双葉社）などのいわゆる実話雑誌とは異なり、女性のヌード写真が派手に掲載されるような雑誌ではないが、前述のような記事の文章には、読者の性的欲望を喚起する要素が盛り込まれているといえるだろう。男性の性嗜好を受け止めてその遊戯に同伴する愛人の存在が、愛人自らの語りを通して浮かび上がる。ここで、愛人は、二人の性世界を万人に開示する媒体となっていて、性的存在としての愛人が一般化されている。

しかも、このような政治家の愛人報道の場合、愛人を性的存在として消費するだけでなく、愛人とのセックス事情を報道することで権力者の面目を潰し、その信頼を地に落とすという週刊誌の狙いと、それを読んだ読者側の快楽も同時にはたらいている。かつて妾は明治期の成り上がり者の権力を誇示するアイテムになっていたが、ここでの愛人は、男性権力者の権威を失墜させるための媒体としてはたらいている。またこのような記事には――内容が真実か否かは別として――政治家のミソジニーと、性的興奮に誘導されて記事を支持する読者のミソジニーが共鳴してしまう構造があることも指摘できる。

戦前の愛人は、婚姻に向かって恋愛を遂行する者として好ましいと認識されていた。しかし、その後、婚姻内に向かう恋愛という意味が抜け落ち、婚姻外で恋愛を遂行する者として人々に危険視される愛人像が確立されてきたことをここまで整理してきた。そして本節の分析から、既婚者が婚姻外に性的関係を結ぶ相手として、愛人の性的存在の意味が強まった傾向を指摘できるだろう。婚姻外の恋愛の相手という意味がなくなったわけでは決してない[54]が、週刊誌のなかでは恋愛関係にある相手としての意味よりも性的存在としての存在感が増しているのである。

ロマンチックラブイデオロギーの分業化

愛人の性的意味が強まったことの背景には、戦後に起こった恋愛結婚の大衆化という現象があると考えられる。恋愛結婚は一九二〇年代に一般に広まり、それを遂行することが近代的営為として知識人たちに好ましいものと理解されたが、当時、恋愛結婚を遂行できる人はマイノリティーだった。しかし戦後の六〇年代には、見合い結婚と恋愛結婚の割合は逆転する。恋愛結婚はもはや特別なものではなくなり、恋愛はみんながするものになり、その革新性も薄れて、恋愛をする者としての愛人の意味が通ってきた文脈は地盤沈下した。

つまり、恋愛は愛人ではなく、妻（妻になる予定の女性）がするものになった。ロマンチックラブイデオロギーの性・愛・結婚という三つの要素のうち、恋愛と結婚は妻へと移譲され、この経緯のなかで、三つの要素のうち残りの一つである性が愛人に残され、愛人の性的存在という意味が週刊誌などで強まっていったということではないだろうか。すなわち、愛と結婚は妻に、残った性は愛人にというロマンチックラブイデオロギーの役割の分業化が可能になる状況が形成されたと考えられる。もっといえば、当初の愛人はロマンチックラブイデオロギーを体現する、いずれ妻になるべき女性だった。妻と愛人は同じ人格のものだったが、婚姻外での自立を可能にする女性の経済的基盤が確保され、また性の問題が婚姻のなかだけで消化できないという問題が露呈するにしたがい――この問題は成瀬巳喜男の『夫婦』で分析した――妻と愛人は別の人格として引き離され、愛人は夫婦の外側からその性を補完する役割として機能したというのが戦後愛人の本質なのではないだろうか。

もともと日本には遊郭制度や芸妓、妾の文化があり、ロマンチックラブイデオロギーが輸入されても、性のダブルスタンダードのもとで夫が妻以外の女性と性関係をもつのは容易だったから、ここでことさら愛人が夫の性を補う存在として特異的に出現したというのではない。ここで問題にすべきことは、戦後の妻の構成要素が戦前の愛人に起因していること、つまり愛人が起源になる妻の存在である。その存在がいつの間にか本丸になり、起源である愛人を一夫一婦関係の外に排出して、自分たちに不足する性の要素を補完させるという概念の捻れが恋愛結婚の大衆化のなかで生じた。

この現象のなかで、一夫一婦が機能しつづけているということになる。

女房役から名誉市民へ

さて、週刊誌の記事のなかで愛人になった女性たちの属性で最も多かったのはホステスだったが、一九七五年の国際婦人年、七九年の女子差別撤廃条約（日本は一九八五年に批准）、八五年の男女雇用機会均等法、九九年の男女共同参画社会基本法などの一連の男女平等政策が打ち出され、この流れを受けて、週刊誌で語られる愛人女性の属性も広がりを見せたといえる。例えば、八〇年代―九〇年代は、会社組織に属さずに独立開業するかフリーランスで働く愛人像、九〇年代はキャリアウーマンの愛人像が散見されるようになっていく。また、こうした属性の広がりだけでなく、愛人になる女性の立場が「上昇」し、愛人であることを利用する女性像が、週刊誌に連載された文学作品にも描かれるようになった。

ここからは、以下に示す週刊誌に連載された二つの作品から捉えることができる愛人――これもまた週刊誌で形成された愛人像として捉える――について分析する。一つは渡辺淳一の「メトレス 愛人」(55)（「週刊文春」で一九八八年から八九年にかけて連載）であり、もう一つは林真理子の「アスクレピオスの愛人」（「週刊新潮」で二〇一一年から一二年にかけて連載）である。

渡辺淳一の「メトレス 愛人」（一九八八―八九年）

渡辺淳一は、『メトレス 愛人』文庫版の「あとがき」で、フランス語でいう愛人の「メトレス」

と、日本語の「愛人」の意味の違いについて次のように書いている。

日本語でいう「愛人」は、経済的にも精神的にも男性に頼っている感じがするのに対して、「メトレス」は自立して仕事をやりながら、他の男性と恋愛関係にある女性、といった感じになるようである。（略）

メトレスがかなり実力や教養を備えている自立した女性を表し、日本語の愛人という言葉にある、暗さや甘えの部分がないことはたしかである。(56)

経済的に自立できる愛人のホステスについてはすでにみてきたが、この渡辺の「男性に依存する愛人」というイメージは当時、一般的な感覚だったのだろう。「メトレス 愛人」は、そのイメージとは逆の自立した女性像としての「愛人」を描き出すことを目的にした作品である。

この物語の主人公は、外資系企業の社長秘書をしている三十二歳の片桐修子である。彼女は英語が堪能で、それを武器に社長の通訳などもこなしている。同年代のOLの倍近くの給料をもらい、生活に余裕がある働く女性という設定である。親の援助もあったが、自己資金ですでにマンションも購入している。渡辺がいうように、教養があり、仕事の実力も十分に備わっている女性像である。

この女性が交際するのは、四十九歳で広告会社を経営する遠野という既婚者である。片桐が二十八歳のころから付き合い始め、ホテルのレストランやバーでの食事後、片桐のマンションで性交渉をもち、夜が明けないうちに遠野が帰宅するというパターンで交際を続けてきた。物語の筋は単純で、結婚願望がない片桐は現在の交際に十分満足していた。一方、遠野は妻との関係が悪化していて離婚して片桐と一緒になりたいという意志を示してきた。そこから、遠野に対する片桐の気持ちが急速に冷めていき、遠野に別れを告げて新たな人生に踏み出すというものである。著者は経済的にも精神的にも自立しているからこそ男性からの結婚の申し出を断れる愛人女性の新しさというものを描いてみたかったと思われるが、愛人であることを好都合に利用してきた片桐修子のあざとさもまた同時に描かれていた。彼女は遠野との関係の意味を性愛に求め、充実した性愛経験を得ることで満足していた。また、同世代の男性と交際していては行けないような高級なレストランやバーでの会食を楽しめることも重要な要素だったが、自身に経済力があるため、相手からの金銭的な援助は一切求めなかった。これは逆にいえば、それ以外のわずらわしいことからは手を引いて自分には関係ないことにできる気軽さがあるということであり、日常の雑事は相手の妻に任せておけばいいということを意味している。

片桐は遠野を愛したのではなく、遠野の愛人であるという緊張感によって、自分が女性として美しく、あでやかになっていくという状態を愛していたのである。遠野が離婚すれば、今度は彼の下着を洗濯しなければならない、糠味噌くさい妻の立場に自分が立たされてしまうことになり、それは彼女にとって全く望むことではなかった。片桐修子は、愛人バンクに集まった女性たちが「おいしい生活」と欲望したそのレベルはすでに達成し、経済力は十分身に付けていた。そのうえで、わずらわしい女房役からも解放された輝かしい自由な生活を送りたいという、バージョンアップした「おいしい生活」を欲望する女性だったのである。

しかしながら、遠野の妻にこそならなかったが、物語のなかで片桐は「昼間の女房役」として位置づけられていた。彼女は遠野の直接の秘書ではないが、自身が勤める会社の社長秘書であり、職場での彼女の仕事は次のようなものだった。

秘書も常に社長の近くにいるので経営者側の人間のように思われるが、経営者ではない。いいかえると、どちらつかずの中途半端な存在である。(57)

片桐は英語を使いこなすが、彼女が直接ビジネスの交渉の場に出ることはなく、英語が苦手な日本人社長のフォローのために通訳として同席するだけであって、決してビジネスの主役にはなれない。あくまでも主役の補佐であり、まさに「女房役」である。彼女は出勤後、社長の部屋を掃除してときどき花を生けることを仕事のルーティンにしているが、これはまさに主婦が家庭内ですることと同じである。また、片桐が勤める会社の社長にも愛人がいるようで、彼女はその交際のアリバイ作りに加担している。男性の女房になって糠味噌くさい生活に関わり合うのは拒否したはずなのに、結局は男性たちが支配する会社での昼間の女房役として彼らの手の内に取り込まれていた。

林真理子の「アスクレピオスの愛人」（二〇一一―一二年）

林真理子の「アスクレピオスの愛人」には、この「女房役」の愛人からさらにパワーアップした女性が登場する。ＷＨＯ（世界保健機関）で働く日本人の女性医師がこの物語の主人公である。この女性は、二〇〇九年の新型インフルエンザの流行の際には――物語の舞台は二〇〇九年ごろから一一年の時期――、WHOのメディカル・オフィサーとしてメディアに露出し、医者として、WHOの職員として活躍し、世界に認められる日本女性として描かれている。物語のなかで、同じ日本人女性医師からも「ものすごくデキる女」と奉られるほどのスーパーウーマンである。

このものすごくデキる女シーナこと佐伯志帆子は四十代後半で離婚歴があり、医学部に通う娘がいるが、その娘は別れた夫が引き取って育ててきた。佐伯は性的に奔放で、日本には病院経営者の愛人、スイス・ジュネーブには外国人の愛人たち[58]が複数いて、性生活を存分に楽しんでいる。「仕事ができる男は女の火遊びもうまい」といった従来の男性ジェンダー規範をそのままなぞったような女性であり、仕事に打ち込んだあとには男性との性的快楽を貪るのである。

一方、医師としての使命感が強い女性としても描かれていて、身の危険を顧みず感染症危険地帯の最前線で医療活動にあたっている。彼女はまた学会での発表を任されるような医師としての権威でもあるが、臨床現場を第一に考えていて、そのような姿が同僚の医師たちからの支持を受けている。もちろん英語は堪能でほかの言語も使えるが、言葉はあくまでも自分の仕事のためのツールにすぎず、医療に従事する専門職業人である。前項の「メトレス 愛人」の片桐は英語が得意で社長の通訳をする女房役の秘書だったが、彼女と比べると、仕事に対する意識や立場は大きく異なっている。

こうした知力、精神力に優れ、能力を発揮し、男性の女房役という以上に、日本社会から飛び出して世界を舞台に国際機関の第一線で堂々と仕事を切り盛りする姿は傑出している。このような輝かしく、活躍する女性を、まさに「名誉市民」と呼ぶのだろう。

しかしながら、そうした彼女にも足枷がはめられていたことは見逃せない。この小説のタイトルが示すように、彼女はあくまでも「アスクレピオスの愛人」として、その意志のなかで動き回る部品の一つとして描かれたのである。アスクレピオスとは、ギリシャ神話の医術をつかさどる男性神であり、持っている杖で病人を治すといわれていて、その杖に蛇が巻き付いているWHOのエンブレムは「アスクレピオスの杖」というらしい。佐伯志帆子は日本からジュネーブにやってきた若い日本人男性医師に、新型インフルエンザやSARS（重症急性呼吸器症候群）などの感染症による世界的パンデミックに対応するWHOの職員の使命として次のような言葉を伝えていた。

つまり私たちWHOの職員は、アスクレピオスの蛇となって、世界中に散らばれってていうことじゃないかしらね(59)

自分が「主人」ではなく、神様の配下の者として、その意向を拝命する立場にあることを彼女は承知している。物語の最後では二〇一一年三月十一日の東日本大震災が起きた際、東京にいた佐伯は、その場に居合わせた医学部生の娘に対して、誰からも命じられていないにもかかわらず、直ちに準備して東北に同行することを要請する。そのとき、佐伯は娘に対して「私たちは、今これから命じられて行くのだから(60)」と告げる。彼女に現地へ赴くことを命じたのは、WHOの上司でも、日本の政府でもなく、アスクレピオスということなのだろう。ここで「アスクレピオスの愛人」とは、医術の神様に身を捧げた佐伯志帆子のことだと明らかになる。アスクレピオスの声に従って、従順に、かいがいしく、被害者救済に向かおうとする佐伯の姿は印象的である。

つまりこの物語は、「働く女性」として究極に仕事ができる女性の職業的使命感が、アスクレピオスという医術の神に身を捧げる（＝男性の愛人になる）ことで達成されるという構図になっている。女性が愛人になることの意味が「働くこと」に凝縮され、男性の仕事と同一化し、その仕事を補う主体としての愛人像が鮮明に描かれているのである。本章の論点である、戦後の愛人が男性の仕事を支える働く女性であるという問題になることを象徴的に捉え返すことができる作品が、この林真理子の「アスクレピオスの愛人」なのである。

さて、このようなスーパーウーマンの原動力になっていたものとは何だったのだろうか。実は佐伯は医学生時代に学内でセクハラ被害に遭っていた。その被害のあと、彼女は男性優位の医学部組織から飛び出し、日本の外へ、世界のトップ機関へと、その身を置き換えていくことになった。こうして彼女自身の立場はたくましく上昇したが、彼女が身を置いてきたジェンダー構造そのものについては、究極的な変化があったといえるのだろうか。男性神の愛人の一人として、世界中に散らばって彼の目的を代理遂行する彼女の主体性というのは、夫のエージェントとして妾探しに奔走させられた「女坂」の倫のそれと比べて、はたしてそれほど異なるものなのかという疑問が筆者には残るのである。

田中角栄の愛人

前述した女房役と名誉市民の愛人像の問題を指摘する前に、「週刊文春」での田中角栄の愛人の語られ方にふれておきたい。田中には妻以外に少なくとも二人の愛人がいたことが知られている。一人は東京・神楽坂の芸妓だった辻和子という女性、もう一人は田中の秘書として彼の政治活動を支えた佐藤昭子という女性である。

愛人というキーワードで「週刊文春」の記事を検索すると、田中の愛人についての記事は一九七三年一月と二〇一一年十月の二つを確認することができる。前者は「政治家の愛人」の項ですでに引用したものだが、ここで取り上げられた田中の愛人は辻和子であり、政治家の甲斐性としての愛人が辻の存在によって語られるものだった。

そして後者の記事では、田中の愛人として佐藤昭子が取り上げられている。これは佐藤に対する評価をめぐって、作家の佐藤優と政治ジャーナリストの後藤謙治が対談したものである。この対談が記事になったきっかけは、田中角栄と佐藤昭子との間で交わされた手紙が二〇一一年十一月号の「文藝春秋」で公開されたことによる。佐藤の存在は、一九七四年十一月号の「文藝春秋」に、児玉隆也が「淋しき越山会の女王」という記事を掲載したことですでに知られていたが、田中が残した手紙が二人の娘である佐藤あつ子によって二〇一一年に公開され、その資料的価値に基づいて佐藤昭子という女性像をたどることができること、手紙の内容から田中が佐藤に惚れ込む情熱的な様子をうかがえることなどから、当事者が二人とも亡くなっているにもかかわらず、田中と佐藤の関係性があらためて注目されることになった。(61)

田中の秘書を務めていた佐藤は越山会という田中の後援会組織を統括する立場を任されるように

なり、田中の政治活動にあたっての金銭管理を一任されていた。そのような立場にいた彼女は、総理大臣がもつ権力を意のままに操ることができる女性実力者としても注目されるのだが、ここで指摘したいのは、佐藤の存在を報じる一九七〇年代と二〇一〇年代の記事で、その描写に大きな違いがあることである。

一九七四年十一月号の「文藝春秋」に掲載された児玉隆也の記事には、日本最高峰の権力の頂点に上り詰めた男の裏には女性の存在があったということ――これは七〇年代の陰の女としての愛人の語られ方に通じる――、その女性の境遇・生い立ちは恵まれないものだったということ、田中が権力の階段を上り詰めるのに連動して彼女自身も田中の金庫番として権勢を極めたということが記されている。そのなかで、児玉は佐藤の立場を次のように評価した。

彼が、〝総理の孤独〟を打ち明けるただ一人の使用人があるとすれば、それは佐藤昭なのだろう。[62]

これが二十ページにわたる記事の最後に記された彼女の位置づけである。記事では、「越山会の女王」として田中の政治活動を支える重要なはたらきをする女性であることが示されているが、最後で彼女は「使用人」という立場に据え置かれている。男性権力を支えた女性実力者が、「使用人」という立場で総括されてしまうところに、女性の能力を低く見積もる当時のジェンダー意識の限界をみるが、ここでは一九七〇年代の文脈で「使用人」という言葉が使われていたことに注目したい。

それから四十年あまりの時間がたった二〇一〇年代、「週刊文春」で佐藤は田中の「パートナー」として語られるようになった。田中の手紙を読んだ佐藤優が、「一般的な男女の恋愛関係とは異なり、二人はむしろ同じ目標を持って一心同体に権力へ邁進する「同志」と言ったほうがしっくりくる」(63)とし、この女性は田中が全幅の信頼を置く「完全なパートナー」(64)だったと言及したのである。また後藤謙次は、「五十五年体制下の自民党を支えたのは女性だったのではないかと思うんです。自民党の幹事長室や首相官邸には長く勤務している名物的な女性がいて、何十年も尽くしてきた。その人たちが辞めたとたんに自民党も官邸もガタガタにしてしまった」(65)という解釈を加えている。

この記事で佐藤昭子は、田中角栄の使用人ではなく、また総理大臣の甲斐性のための愛人でもなく、総理大臣のパートナーとして語り直されている。田中角栄の愛人のイメージが「使用人」から「パートナー」という位置に変化したことは注目すべきである。「パートナー」というカタカナ語は単なる男性の連れ合いとしての女性という意味を超え、「ビジネスパートナー」という仕事上の対等性を示す響きがあり、田中角栄の愛人秘書が彼の完全なパートナーだったという再評価に、読者は新鮮味を感じたことだろう。

愛人とポストフェミニズム

戦後の愛人像は事務員やホステスから、おいしい生活を享受する男性の女房役的愛人まで多様に広がり、二〇一〇年代には先の名誉市民的愛人や、総理大臣の完全なパートナーという立場の、生産労働の領域で男性と堂々と肩を並べて仕事をする愛人女性のイメージが週刊誌で確立されるようになったことが理解できたと思う。とくに本章後半で指摘した、女房役、名誉市民、完全なパートナーとしての愛人像は、働く女性として実力も経済力も身に付け、自立した女性というイメージを強く打ち出すものだった。

しかしながらこうした週刊誌にみる愛人のあり方は、現在フェミニズムが危惧しているポストフェミニズム的事態であることを指摘しておかなければならない。ポストフェミニズムとは「何かの思想や政治的立場のような明確な内容をもつものではなく、現在の社会の多くに浸透している社会意識や言説の一定の傾向(66)」を指すものであり、男女平等はすでに達成されフェミニズムはもはや必要なくなったという考えを生み出す社会の空気といっていいだろう。

この事態をフェミニズムは懸念する。なぜならば実際には、男女の賃金格差、女性の非正規雇用、消極的な女性管理者登用などの制度的問題は全く改善されず、また昨今の性被害報道からもわかるように「女性を見下す男性ジェンダー意識」もいまだに突き崩せず、男女平等が達成されたとは到底言えない現状にあるからである。にもかかわらず、こうした状況のなかにあっても、「輝く女性」などと呼ばれるようなエリートも出現し、そのような女性たちが男性の組織に入り、彼らとうまく共生していくことで、問題の本質がみえにくくなっているのである。男性たちはそのような女性の存在を理由に、男女不平等の問題は過去の話と理解する。そして、その場所に収まった女性、またはその場所に行こうとする女性たちからは、「私は弱者ではない」という反発がフェミニズムに対して向けられる。社会の役に立つ有用な存在になりたいと願う彼女たちは、社会改良を目指すフェミニズムのあり方を、それを嫌ってきた男性とともに否定し、彼らのよき理解者・パートナーとしてその地位を固める。ポストフェミニズムの問題は、依然として残る男女不平等の文化構造に加え、女性間の格差が広がる事態にもかかわらず、その問題構造を問う議論の梯子が、椅子取りゲームに勝利した女性によって外され、その構造が維持、あるいは強化されてしまうことにある。

筆者が分析した週刊誌記事の女房役、名誉市民、完全なパートナーとしての愛人像は、まさにこの構造のなかにはまり込んでしまう存在であるといえる。家の外部で経済的に自立することを志向し既存の秩序に反抗する主体性をみせていた戦後愛人の原型は、女性が経済的に自立することが容易ではない戦後社会の状況のなかで変形し、いつの間にか資本主義の都合に取り込まれ、彼女たちが飛び出していった先の家の外部という場所で、男性の生産労働を支える要員として、「おいしい生活」の旨味を与えられながら利用される事態に陥ってしまったのである。

妻の再生産労働とともに、夫の生産労働を家の外部で支える原動力として機能してしまう戦後愛人の問題点が浮かび上がったが、それは同時に女性の経済的自立を長い間望んできたフェミニズムの両義性の問題を示すことにもなったといえるだろう。

おわりに――愛人というもの

第2章と第4章を通じて愛人について論じてきた。まず、戦前の愛人は、恋愛をする人という意味で男性に対しても使用される言葉だったが、一九六〇年代以降の週刊誌の記事からは、既婚男性と交際する女性という愛人のイメージが膨らんでいったことを確認した。また、妾と愛人はその意味の成り立ちが別のものだったと第2章で考察したが、二〇年代の婦人雑誌には婚姻外で恋愛をする者という意味で妾と愛人の言葉は混同して使われ、その混同は戦後も続き、週刊誌のなかでは八〇年代ごろまで続いていたことがわかった。

そして第4章では、恋愛を遂行する者として近代人から好ましい視線を向けられていた愛人が、戦後はネガティブなイメージで語られるようになっていくという変化を、文学作品、映画、週刊誌の分析からたどった。

敗戦直後、作家によって描き出された愛人は、婚姻外で男性と性関係を結び妊娠や堕胎をする性的存在であると同時に、時代の転換点に旧時代の規範を打ち破り、新しい時代の象徴になるような革新的な思想をもつ女性であることが強調されていて、本章では、このような女性像を戦後愛人の原型と捉えた。しかし次第に革新的な意味は脱落していき、やがて愛人は既婚男性と交際する女性というイメージが前面に押し出されるようになった。ただし、愛人は配偶者がいる／いないにかかわらず、性におぼれた、性愛に欲望的な男女間の関係にある人物を示す言葉として使われたことも確認した。社会に容認されない不道徳的な存在として人々から眉をひそめて語られるようになっていったのである。

そして、戦後愛人の原型で示された革新性はなくなったが、性的存在という意味は残り、一九六〇年代以降の週刊誌では、愛人が意志が弱く男性の言いなりになる都合のいい女性として、愛人バンクという性風俗の一種や、また政治家とのセックス事情を公衆に向かって暴露する性的存在として一般化する様子を捉えた。愛人とその相手という二者間の性的存在というだけでなく、週刊誌では性風俗として読者の興味の対象となるという消費価値としての存在が捉えられた。

また、家の外部で仕事をする女性という愛人イメージも浮上してくる。働く女性としての愛人には、夫と同じ職場にいて夫の仕事を補佐する事務員、単に経済活動をしているという場合から、夜のビジネスパートナー（ホステス）、総理大臣のビジネスパートナー（政治家秘書）という場合に至るまで、活動状況にグラデーションがあった。さらに、本書で確認してきた愛人像のうち、一部の女性は現在のフェミニズムが危惧するポストフェミニズム的存在になってしまうという問題についても指摘した。本章で分析した愛人は総じて「働く女性」としてのイメージを形成するものだったことが理解できたと思う。

このまとめで重視したいのは、このような戦後愛人の特徴は、近代の一夫一婦のあり方を妾と同様にまたもや補完してしまうということである。戦後、愛人は既婚男性と交際する性的存在であるというイメージが強まったが、考えてみれば性・愛・結婚一致のロマンチックラブイデオロギーの主役として、恋愛→結婚を遂行するのは愛人だった。しかし戦後に恋愛結婚が大衆化したことで、恋愛と結婚の役割は妻へと移行する。妻と愛人は別人格のものとして歩み始め、愛人には性的役割が残り、戦後の週刊誌ではその意味が強調されていくようになった。妻には恋愛と結婚という表舞台が用意され、愛人には性の暗部が残されるという、ロマンチックラブイデオロギーの分業が可能になる構造があったのである。

つまり、性的存在として夫の性の快楽の相手になり、家の外部で経済的自立を図りながら夫の仕事を支える働く女性としての愛人というモデルが浮かび上がるのだが、これは性別役割分業を前提とする近代の一夫一婦を揺るがす事態である。一夫一婦は、夫の生産労働と妻の再生産労働によって資本主義社会のシステムを稼働させる一つの単位とされたが、そこで、夫の生産労働を支えるもう一つの労働が愛人によっておこなわれていたことが明らかになったのである。フェミニズムは夫の労働に対して妻の労働の価値が低く見積もられたことを問題化してきたが、そもそもこの問題体系からみれば、夫と妻の労働によって一つの歯車が回転しているという認識自体に疑問をもたなければならない。愛人は妻の影（シャドー）になり、一夫一婦を支えていく存在だったのである。

こうして愛人もまた、妾と同じく近代の一夫一婦を補完する立場に置かれたことがわかった。さらにいえば、妾と愛人はそのどちらも、近代の初めに婚姻制度内のもの、その内側を志向するものとしてそれぞれの意味が立ち上がったが、近代の一夫一婦の法制度とジェンダー規範が確立していく過程で、内から外へと排出されて制度の外部で彼らを補完することになっていったということも指摘しておきたい。そしてこの内から外へという動きには、世間からは不道徳な存在として否定され、法律からはないものとして扱われ、妻や夫からはときには殺されるという排除の原動力がはたらいていたのであり、近代の一夫一婦制度はこの動きを必要として成り立つものだったのである。

妾・愛人を排除しながら、その存在を利用して維持が可能になる一夫一婦とは何なのだろうか。一夫一婦を基盤として、フェミニズムの歩みとともに構築されてきた妻の立場とは何だったのだろうか。そして家の内と外の二人の女性のはたらきを必要としなければならない夫とは、私たちにとってあらためてどのような存在だといえるのだろうか。妾・愛人という視点から一夫一婦のあり方を問うきっかけとしたい。

注

(1) 高村夕起子『愛人』クラブ社、一九四七年、二三ページ
(2) 同書四九ページ
(3) 同書二〇ページ
(4) 丹羽文雄『愛人』(「丹羽文雄文庫」第十三巻)、東方社、一九五四年、二〇八ページ
(5) 同書二四八ページ
(6) 前掲『現代女子労働の研究』七ページ
(7) 同書九四ページ
(8) 同書九四―九五ページ
(9) 同書一九〇ページ

(10)太宰治「斜陽」『太宰治全集』第十一巻、筑摩書房、一九六〇年、一三四ページ
(11)同書一八四ページ。傍点は引用者。
(12)同書一九〇ページ。傍点は引用者。
(13)同書一九四―一九五ページ。傍点は引用者。
(14)同書二四二ページ
(15)同書二四一ページ
(16)このシーンの会話は、映画を視聴した筆者が書き起こしたものである。
(17)前掲『現代女子労働の研究』一八四ページ
(18)同書一八四ページ
(19)千田有紀『日本型近代家族――どこから来てどこへ行くのか』勁草書房、二〇一一年、六四ページ
(20)「毎日新聞」がおこなった二〇一九年の読者調査結果は次のとおり。男性読者の第一位「週刊文春」(文藝春秋)、第二位「週刊少年ジャンプ」(集英社)、第三位「週刊新潮」(新潮社)。女性読者の第一位「女性自身」(光文社)、第二位「女性セブン」(小学館)、第三位「週刊女性」(主婦と生活社)、第四位「週刊文春」。女性読者の上位三つは女性週刊誌によって占められた。『2020年版 読書世論調査――第73回読書世論調査 第65回学校読書調査』毎日新聞社、二〇二〇年
(21)大宅壮一文庫に所蔵されている「週刊文春」は、直接手に取って確認することができた。国立国会図書館の「週刊文春」は、デジタル資料のキーワード検索によって記事を抽出した。大宅壮一文庫に所蔵されている「週刊文春」のうち欠号は一九六一年八月二十八日号。
(22)「週刊新潮」の記事は、一九六七年以降の「週刊文春」と同様の方法で国立国会図書館のデジタル資料を利用して調査した。また、「週刊新潮」には実際の事件をもとに読み物化した「黒い報告書」

というシリーズ連載があり、その記事も含めると総数が六百件を超えた。「週刊文春」と傾向の比較をするために、「黒い報告書」の愛人の記事は除外した。

(23) 例えば一九九〇年代の記事では、『愛人 ラマン』の著者マルグリット・デュラス、女優の荻野目慶子、萬田久子の相手である男性が「愛人」として報じられていた。

(24) 例えば以下のものがあった。「驚きの3ショット写真 紀香は知らない！ 片岡愛之助が披露宴に元愛人を招待」「週刊文春」二〇一六年十月十三日号、文藝春秋、「一命をとりとめた女性の壮絶な過去とは？ GACKT元愛人が「首吊り自殺」未遂」「週刊文春」二〇一七年二月九日号、文藝春秋

(25) 堀江珠喜『妾』北宋社、一九九七年、一五六ページ

(26) 付け加えると「妾」という漢字は、一九四六年に定められた当用漢字から省かれている（同書一五九ページ）。また国立国会図書館のデジタル資料（一九六七年以降）で、「週刊文春」の記事タイトルに「妾」が記されているものは一件もなかった。愛人とは異なり、妾は戦後の週刊誌記事で主役になることはなかったことがうかがえる。

(27) 「週刊文春」の愛人記事で検索された銀行の横領事件の記事は次のとおり。「足利銀行犯人に〝用途別〟に使い分けられた愛人三人」（一九七五年八月七日号）、「足利銀行事件　愛人に引きまわされた「一億円貢がせ男」逃亡61日間の〝蜜月〟」（一九七五年十月二日号）、「伊藤素子獄中手記　愛人南敏之の正体」（一九八二年四月二十二日号）。一九八二年四月二十二日号の三和銀行事件の記事は、相手の男性を愛人としているが、のちに「週刊新潮」が報じた連載記事では女性を愛人としている。「愛人と仕組んだ銀行員「伊藤素子」のオンライン犯罪」上・中・下、「週刊新潮」一九九九年十一月十一日号、十一月十八日号、十一月二十五日号、新潮社

(28) 前掲「足利銀行犯人に〝用途別〟に使い分けられた愛人三人」二八ページ

(29) 和久峻三「九億円の女――滋賀銀行横領事件 愛欲篇」「現代」一九七七年十一月号、講談社、二三一ページ
(30) 同記事二三二ページ
(31)「ワイド特集 愛人という女の役割」「週刊新潮」一九七二年三月四日号、新潮社、四〇ページ
(32) 筒見待子『1／3愛して……――ハッピィに生きたいギャルとオジさまの「愛人バンク」』徳間書店、一九八三年、一五―一六ページ
(33) 秋本誠「「愛人バンク」筒見待子の夕暮れ人生」「新潮45」二〇〇五年六月号、新潮社、八一ページ
(34) 同記事八二ページ
(35) 前掲『1／3愛して……』三四―三五ページ
(36) 同書五〇ページ
(37) 伊藤裕作『愛人バンクとその時代』(人間社文庫「昭和の性文化④」)、人間社、二〇一五年、一一一ページ
(38) 前掲「「愛人バンク」筒見待子の夕暮れ人生」八三ページ
(39) ホステス系に含めた芸妓の内訳は以下のようになっている。一九六〇年代一件、七〇年代六件、八〇年代二件、九〇年代〇件、二〇〇〇年代二件、一〇年代〇件。時代が下り「妾」と「愛人」を混同した記事の減少とともに、芸妓の記事の件数も減少する。〇〇年代の二件の記事は総理大臣になった田中角栄と宇野宗佑の二人の「愛人」について、過去に起きた政治家のスキャンダルを振り返る記事で取り上げられたものである。
(40) これは足利銀行事件で逮捕された男性とともに逃亡していたホステス女性の当時の月収である。前掲「足利銀行事件 愛人に引きまわされた「二億円貢がせ男」逃亡61日間の〝蜜月〟」三三ページ

(41) これは三和銀行事件で逮捕された女性の当時の月収である。前掲「愛人と仕組んだ銀行員「伊藤素子」のオンライン犯罪（上）」一三一ページ
(42)「年次統計」は統計ジャーナリストの久保哲朗が運営するインターネットサイト。サラリーマンとは、従業員十人以上の企業や役所の一般労働者（フルタイム労働者）としている。「サラリーマン月給」「年次統計」(https://nenji-toukei.com/n/kiji/10023)〔二〇二一年七月二十七日アクセス〕
(43) ヴァージニア・ウルフ『自分だけの部屋』川本静子訳、みすず書房、一九八八年、四ページ
(44)「独占入手！日経鶴田会長が大物総会屋に撮られた「愛人」との「写真」」「週刊文春」二〇〇三年四月十日号、文藝春秋
(45)「日経鶴田前会長「愛人クラブ」と共に消ゆ」「週刊文春」二〇〇四年四月二十九日・五月六日号、文藝春秋
(46) 山崎豊子『白い巨塔（一）』（「山崎豊子全集」第六巻）、新潮社、二〇〇四年、二二ページ
(47) 同書三四ページ
(48) 白洲正子『いまなぜ青山二郎なのか』（新潮文庫）、新潮社、一九九九年、一一八ページ
(49) デヴィ・スカルノ／美輪明宏「総理大臣に愛人 どこがわるい――二大〝天下の美女〟が田中サンのプライバシーを大いに論ず！」「週刊文春」一九七三年一月一日号、文藝春秋
(50)「二〇二〇年に離婚した夫婦のうち、二十年以上同居した「熟年離婚」の割合が二一・五％に上り、統計のある一九四七年以降で過去最高になったことがわかった。厚生労働省が二十四日公表した」（「「熟年離婚」が二一・五％、過去最高の割合に 二〇二〇年」「朝日新聞デジタル」二〇二二年八月二十四日〔https://www.asahi.com/articles/ASQ8S5TRYQ8SUTFL00Q.html〕〔二〇二二年九月一日アクセス〕）

(51)「熟年離婚」の割合が増えたといわれる背景には、結婚後五年以内の夫婦の離婚が大幅に減少したという傾向があるためである。また、結婚後二十年以上の夫婦の離婚件数は、二〇〇二年に四万五千五百三十六件、〇七年は四万三百五十三件、二〇年は三万八千九百八十一件と減少傾向にある。離婚率は〇二年は二・三、〇七年は二・〇二、二〇年に一・五七と下がっている。(資料：厚生労働省「令和四年度 離婚に関する統計の概況」〔厚生労働省〕二〇二二年八月二十四日〔https://www.mhlw.go.jp/toukei/saikin/hw/jinkou/tokusyu/rikon22/index.html〕〔二〇二二年九月一日アクセス〕)

(52)「元愛人の赤裸々手記 愛人同行で外遊も！ 山崎拓「変態行為」懇願テープとおぞましい写真」「週刊文春」二〇〇二年五月二日・九日号、文藝春秋、一八六―一八七ページ

(53)「大阪の元愛人だけが知っている「裸の総理候補」橋下徹大阪市長はスチュワーデス姿の私を抱いた！ 独占告白」「週刊文春」二〇一二年七月二十六日号、文藝春秋、三〇ページ

(54) 先に示した大物政治家の愛人のスクープ記事の愛人女性にも、恋愛の感情があったことが彼女自身の言葉で次のように報道されている。「大臣としての多忙な日々を過ごす傍ら、その忙しい合間を縫って私との密会を続けようとする先生のことを、初めのうち、私は本当に好きでした。世間の人が何と言うかわかりませんが、その時は純粋で真っ直ぐな感情だったのです」(「山崎拓幹事長よ この記事であなたに引導を渡す！ 愛人赤裸々告発第三弾！」「週刊文春」二〇〇二年五月二十三日号、文藝春秋、一五八ページ)。前述の恋愛感情を告白する記事は、前掲の「週刊文春」(二〇〇二年五月二日・九日号)のあとに掲載されていて、性関係だけでなく恋愛の感情もあったことが付け加えられている。

(55)「メトレス 愛人」は「週刊文春」に連載された当時は、「愛人 アマント」という表題で掲載されていた。一九九一年の単行本化にあたって「メトレス 愛人」と改題された。

(56) 渡辺淳一『メトレス 愛人』(文春文庫)、文藝春秋、一九九四年、四〇八ページ
(57) 渡辺淳一『メトレス 愛人 別れぬ理由』(「渡辺淳一全集」第二十一巻)、角川書店、一九九六年、五三ページ
(58) ここでの愛人は、第2節で指摘した「配偶者がいる/いないにかかわらず、性におぼれた、性愛に欲望的な男女間の関係にある人物」という意味で使用している。
(59) 林真理子『アスクレピオスの愛人』新潮社、二〇一二年、二二ページ
(60) 同書三六〇ページ
(61) 「最後に愛した女性への未公開書簡発見! 田中角栄の恋文」「文藝春秋」二〇一一年十一月特別号、文藝春秋
(62) 児玉隆也「淋しき越山会の女王」「文藝春秋」一九七四年十一月号、文藝春秋、一五二ページ。「佐藤昭」は「佐藤昭子」の改名前の名である。
(63) 佐藤優/後藤謙次「「角栄の恋文」——月刊「文藝春秋」私はこう読んだ 政治家と愛人:特別対談 佐藤優×後藤謙次」「週刊文春」二〇一一年十月二十日号、文藝春秋、一三六ページ
(64) 同記事一三七ページ
(65) 同記事一三八ページ
(66) 菊地夏野『日本のポストフェミニズム——「女子力」とネオリベラリズム』大月書店、二〇一九年、七一ページ

初出一覧

「〈近代のジェンダー秩序〉のパラダイム攪乱と女性の主体性――日本における「妾」「愛人」の表象と言説をめぐって」城西国際大学博士論文、二〇一〇年

「「夫」「妻」「妾」近代的主体とジェンダー文化の構築」、「女性・戦争・人権」学会学会誌編集委員会編「女性・戦争・人権」第十四号、行路社、二〇一六年

「近代日本における「妾」に関する新聞記事のジェンダー分析――「嫉妬」の社会的構築と「妻」の危機・「妾」の排除」、日本女性学会学会誌編集委員会編「女性学」第二十五号、日本女性学会、二〇一八年

以上をもとに、大幅に加筆・修正をおこなった。

おわりに

妾・愛人は博士論文のテーマだったが、その後もこのテーマに取り組み続け、今回、本にまとめることができた。博士論文から出版までに十二年もの歳月を要することになってしまったが、妾・愛人の議論に一つの区切りをつけることになり、少しだけ肩の荷を下ろせたような気がしている。

ここにたどり着いて筆者が出した答えは、妾と愛人は異なるものであること、とはいえ、妾も愛人も近代の初めには一夫一婦を補完する婚姻制度に親和的な立場だったのに、一夫一婦の進展に伴い、制度の内から外へと排出され利用された点については同じであるということである。さらにいえば、妾・愛人は、妻と対置され存在が否定されながらも、一夫一婦の存続のために必要とされたという問題を浮かび上がらせることができた。異性愛の規範を維持するために同性愛が否定されながら利用されるというジェンダー構造の問題はすでにフェミニズムで認識されているが、ここに妾・愛人という問題も加えて、一夫一婦のあり方を問う視点が広がっていけば幸いである。

本書では、妾・愛人の語られ方、文学作品・雑誌・新聞で形成されたイメージについて主に分析した。身の上相談や雑誌記事で一部、実際の妾・愛人の声を拾ったが、そのほとんどは、社会のなかで構築されたイメージをたどるものであり、現実の妾・愛人についての考察ではなかったことをあらためて記しておく。人々が妾・愛人に対して向ける視線と、本人がその視線をどう内面化し、どのように考えているのかという問題は別のものである。第4章で考察した田中角栄の愛人といわれた佐藤昭子は、田中角栄についての手記を残しているが[1]、その内容は総理大臣にまで上り詰めた田中がどのような政治家だったのか、その資質を秘書という特権的な立場から捉えて論じるというものであり、「愛人としての内面」についてはほとんど語っていない。社会は彼女を田中角栄の愛人という目で見るだろうが、その期待を見事に裏切っているといっていいだろう。秘書の鎧で固めて自身の内面は語らないという彼女の文章から、実際の愛人がどのような問題意識を抱えていたのかということを示すのは難しかった。

妾・愛人は、正しくない存在として社会に容認されないという要素があり、当事者の声を聞くこと、インタビューやアンケート調査をすることが非常に厳しいことも付け加えておこう。例えば、不妊女性やセックスワーカーの場合、社会的マイノリティーとして運動と連携し、自助グループや支援団体が形成され、研究者が調査対象を選定・依頼できる基盤が確立されている。しかし、妾・愛人の場合はそうはいかない。そもそも現在の社会状況のなかで、愛人の支援団体を結成するといったら多くの人々が違和感や嫌悪感を抱くだろう。彼女たちの声は、この社会のなかで聞かれる素地がほとんどない。第4章でみたように、週刊誌のなかで、愛人になったことを一応反省しているという建前で語られる文脈で、読者の性的欲望を触発する存在として登場するなら聞いてやってもいいという温情措置が効く程度であり、社会のバイアスの影響は強い。

あるいは、実際の愛人をなんとか探し出してきて、その女性にインタビューできたとしても、「私は愛人ではない（私には愛人以外の社会的立場・肩書がある）」として、ポストフェミニズム的文脈のなかで始末されてしまう可能性も考えられる。先の佐藤昭子の場合がこのケースに当てはまるものなのかもしれない。だからといって、研究のためにその存在を「愛人」という属性ありきでみていくことは避けなければならない。当事者の語りから一夫一婦のジェンダー構造の問題を論じる作業は、素材を見つけることに始まり、分析にじっくりと取り組まなければならない別の課題として考えておきたい。

しかし今後の筆者の課題として、当面は妾・愛人を必要とした夫とはどのような存在なのかについての問題に取り組みたいと考えている。筆者は以前、「老男」というコンセプトを示し、年上の男性と交際する現代女性のジェンダー意識に着目したことがある。(2) この関心を掘り下げて、引き続き一夫一婦の問題を夫の立場から見通していきたい。

このように次の課題を見据えてはいるものの、大学を辞めて生業を鍼灸師としてから、ここまでの道のりは決して甘くはなかった。大学の外で研究を続けるのは、大学組織の業務や業績評価という足枷をはめられることなく、心を安寧に保ち、自由に取り組めるという利点はあるが、図書館の利用、経済的自立という二つの側面で、想像していたよりも厳しい環境であることを痛感した。大学の図書館ならば女性学の文献資料がそろい、開架式で気軽に「女学雑誌」や「青踏」を手に取って読めたのに、わざわざ閉架式の国立国会図書館まで足を運ばなければならないのは不便で、その労力はなかなかのものだった。しかし一方で、妾・愛人の原稿を書き進めながら日々通勤するなかで、治療院でスクラブ（医療用白衣）に着替えてからは心身をリセットし、目の前に横たわるクライエントの体に触れていくという作業の繰り返しは、筆者にはむしろ良薬であり、自分の心と体が癒やされていくことを知った。そのような時間の流れのなかで書いてきたこの妾・愛人論を愛しく思う。鍼灸・あん摩で女性の体と心に向き合いながら、今後も女性学の問題に取り組み続けられることを願う。

他人を犠牲にすることで誰かの既得権益が守られるという社会構造に対して「それはひどい！」と文句を言える知性、また犠牲になっている人へ「それはあなたのせいではない」と言うことができる知性を養うことがフェミニズム・女性学の使命だと思う。その意義を身をもって教えてくれた水田宗子さんに心から敬意を表するとともに、筆者の研究テーマを認めてくれ、育ててくれたことに感謝する。水田さんが城西国際大学に創設した女性学は筆者の研究の原点になった。水田さんを筆頭に、大学には北田幸恵さん、長谷川啓さんら多くの女性文学研究者が在籍し、フェミニズム文学批評の旺盛な活動がおこなわれていたことが懐かしい。本書ではとくに明治期の議論でそれらの研究成果を多く参照することになった。お礼を申し上げる。また、井桁碧さん、和智綏子さんというフェミニストに出会って影響を受けたことも大きく、筆者の不安定な時期を支えてくれたことに深く感謝している。それから上野千鶴子さんにもお礼の気持ちを伝えたい。上野さんが創設したWAN（ウィメンズ・アクション・ネットワーク）は、学会の閉じられた空間ではなく、フェミニズムの知識を得る場として研究者以外にも開かれていて、大学を離れた筆者には好都合であり、本書の出版に際してもその契機を提供してくれたと考えている。そして、水田宗子さんのゼミのもとに集まり、大学を離れてからも女性学の議論をともに続けてきた乾智代さんと真野孝子さんにも気持ちを伝えたい。彼女たちと立ち上げた「サバイバルとしての女性学研究会」(略:サバ女)は、お互いの課題を解決していく場として、女性学の存在意義を確認しあう場として、とても大切な場所だった。本書を書き上げる過程で、二人には何度も目を通してもらい、意見をもらって修正を重ねた。大学を離れても研究を続けていられるのはこの二人の存在が大きい。ありがとう。

最後に、青弓社の矢野恵二さんに心からお礼を述べたい。本書を書き上げるにあたって何度か原稿を書き直したが、そのたびに矢野さんから送られてくる感想レポートには舌を巻いた。妾・愛人について筆者が筆を走らせているところにはブレーキをかけ、言及したくないこと・できないことに対してはなぜなのかと的確に突いてくるその姿勢に毎回怯んだが、書き上がるまで根気よく付き合っていただけたことに感謝する。青弓社は筆者が憧れた出版社でもあり、そこから本を出すことができたのだと、二十年前の自分に伝えてあげたい。

注

(1)佐藤昭子による手記には次のものがある。『私の田中角栄日記』新潮社、一九九四年、『決定版 私の田中角栄日記』(新潮文庫)、新潮社、二〇〇一年、『田中角榮——私が最後に、伝えたいこと』経済界、二〇〇五年

(2)「老男」と現代女性についての筆者の論文には次のものがある。「「老男」と現代女性の主体性——

ポスト山姥論の視座から」「ＲＩＭ」第十七巻第一号、城西大学ジェンダー・女性学研究所、二〇一六年

［著者略歴］
石島亜由美（いしじま あゆみ）
1980年、栃木県生まれ
城西国際大学大学院人文科学研究科女性学専攻（修士課程）修了、比較文化専攻（博士課程）単位取得満期退学。博士（比較文化）
専攻は女性学、東洋医学
はり師・きゅう師・あん摩マッサージ指圧師
共著に『ジェンダーの視点からみる日韓近現代史』（梨の木舎）、『韓流サブカルチュアと女性』（至文堂）、論文に「私にとっての「女性学」という場――水田宗子の女性学と草創期の議論を再考して」（「WAN女性学ジャーナル」2019年）、「近代日本における「妾」に関する新聞記事のジェンダー分析――「嫉妬」の社会的構築と「妻」の危機・「妾」の排除」（「女性学」第25号）、「「夫」「妻」「妾」近代的主体とジェンダー文化の構築」（「女性・戦争・人権」第14号）など

妾《めかけ》と愛人《あいじん》のフェミニズム　近・現代の一夫一婦の裏面史

発行―――2023年3月27日　第1刷
定価―――2800円＋税
著者―――石島亜由美
発行者――矢野未知生
発行所――株式会社青弓社
〒162-0801 東京都新宿区山吹町337
電話 03-3268-0381（代）
http://www.seikyusha.co.jp
印刷所――三松堂
製本所――三松堂

ISBN978-4-7872-3517-6　C0036